Mirabeau
Meine Bekehrung

Honoré Gabriel de Riquetti
Comte de Mirabeau
Meine Bekehrung
oder
Der Lebemann von Format
Eine amouröse Beichte

Eulenspiegel Verlag
Berlin

Aus dem Französischen
übersetzt und herausgegeben
von Bernhard Thieme

Originaltitel:
Ma conversion ou le libertin de qualité
Dieser Übersetzung liegt zugrunde:
Honoré Gabriel de Riquetti comte de Mirabeau,
Œuvres érotiques,
L'Enfer de la Bibliothèque Nationale, Fayard 1984

Illustrationen von Uwe Häntsch

ISBN 3-359-00497-3

1. Auflage 1991

Umschlag- und Einbandentwurf: Uwe Häntsch
Printed in Germany
Satz und Druck:
Gebr. Garloff GmbH Magdeburg

Verehrter Herr Satan,
Ihr habt meine Jugend geprägt, Euch verdanke ich der Finten viele, die mir bei meinen Lehrstücken vonnutzen waren. Ihr wißt, wie beflissen ich Eure Lektionen befolgt, wie es mich Tag und Nacht umgetrieben hat, Euer Lob zu preisen und Euch neue Untertanen zu gewinnen.

Indes, mein lieber Herr Satan, alles hat sich verändert im Land; Ihr selbst seid alt geworden und bleibt hübsch zu Hause; nicht einmal die Mönche kriegt Ihr von da noch weg. Eure Diabolitätenjünger – ha! Arme Teufel, die von der Satanerie gerade so viel verstehen wie unsere Schnallentreibereleven; nur geschminkte Berichte werden die Euch liefern, da unsere Frauen sie weidlich frotzeln und foppen.

Doch wird mir nurmehr Gelegenheit, mich Euch gegenüber zu entlasten: ich widme Euch mein Buch. Darin könnt Ihr wie in den Hofnachrichten blättern und gar manche Erklecklichkeit über Dirnen, Frömmler und Finanziers erfahren. Ihr werdet von einigen Schnappsäckereien lesen, bei denen man Euch, sosehr Ihr letztlich auch Teufel sein mögt, eine Nase gedreht hat. Doch hüte sich Eure tugendhafte Gattin, die ihre hineinzustecken, damit nicht allsobald gar prächtige Geweihsprossen Eure seraphische Stirn zieren sollen. Mißtraut tunlichst dickummantelten Schwengeln und laßt Eure Gemahlin nie ungegürtet in Gesellschaft gehen. Vergrämt andererseits Euern Frieden nicht mit Eifersucht, denn wisset, verehrter Herr Satan, wenn sie nur will, werdet Ihr allemal gehörnt; und solltet Ihr sie in die Tasche stecken – sie würde durchs Knopfloch aus derselben entweichen.

Mögen die Bilder, die Euch vor Augen zu führen ich die Ehre habe, ein wenig Eure vergilbte Lüsternheit beflügeln. Möge selbige Lektüre gar das Universum fickrig machen.

Geruht, diese Wünsche als Zeugnis des tiefsten Respekts zu empfangen, mit dem ich, verehrter Herr Satan, Euer diabolischen Majestät

ergebenster, gehorsamster
und unterwürfigster
PFLAUMEN-LIEBHABER
bin.

Bis dato, mein Freund, bin ich ein Tunichtgut gewesen; hinter den Schönen her und gar wählerisch. Doch nun hält die Tugend Einzug in mein Herz; ich will nur noch um des lieben Geldes willen kopulieren; als eidesstattlich anerkannter Zuchthengst werde ich mich bei den in die Jahre gekommenen Frauen anpreisen und sie lehren, im Monat sooft wie möglich das Ärschlein zu bewegen.

Mir scheint, da bietet mir schon ein Hühnchen, das nicht mehr als sechs Monate braucht, um die vierzig vollzukriegen, die fleischige Fülle ihres geräumigen Inneren dar. In ihrer gedrungenen Stämmigkeit ist sie noch recht frisch; ihre unter geziemender Üppigkeit errötende Brust ist sich mit den kleinen Augen einig, die etwas ganz anderes als Züchtigkeit ausdrücken; sie tätschelt mir die Hand, denn die Finanziersgattin tätschelt, genau wie ihr Mann, alles immerzu; ich erröte, schauen Sie nur, wie mir wird, wie sich meine Augen beleben, wie meine Jungmännlichkeit mir den Hals abschnürt; denn Sie müssen wissen, daß ich mich meiner Jungmännlichkeit noch erfreue und danach trachte, meinen Wert zu erhöhen. Man bietet mir mehr, als ich will; die Liebkosungen sind schon wahre Orgien ...

Verflixt, er steht mir nicht ... Ich werde traurig, das Pech läßt mich nicht los; habgierige Gläubiger ...

Währenddes wandert meine Hand umher; mein Hühnchen flattert: wie leicht sie wird! Wie brillant der Rhythmus ist! Meine Stimme zittert im Adagio, mein Bogen streicht ein kräftiges und anhaltendes *presto*. Ah, mein Freund, sehen Sie nur, wie meinem Hühnchen der Popo schwillt ... Ihr Busen wogt, ihre Kehle ist knorztrocken, ihre Möse um so feuchter, sie ist in Fahrt, sie will ihn sich reinwuchten ... Aber, aber, sachte, sachte ... Wieder packt mich der Schmerz ... Man macht mir Angebote: ach Gott, wie soll man sich nur entschließen, sie von einer Frau anzunehmen, der man doch nur die hehrsten Gefühle darbringen wollte! Sie verdoppelt; ich klage: das Geld kommt zum Vorschein ... Geld! Heiliger Pimmel! Jetzt wuchte ich ihr meinen Ständer hinein.

Aber meine tugendsame Henne bezahlt mehr als einen; und so lasse ich mich nach meinem leichten Sieg auch allsobald bei Madame *Tugendreich* (eine fast ausgestorbene Familie) einführen. Alles dort atmet Prüderie und Ehrsamkeit, alles predigt Abstinenz bis hinauf zu ihrem Gesicht, dessen Züge, obwohl recht bezaubernd, dennoch keines jener Details aufweisen, die gemeinhin zu Zärtlichkeit inspirieren. Aber in ihrer Physiognomie leben die Augen, zudem ist sie von gefälligem Wuchs, ein wenig mager vielleicht, doch stört das ihre Körperproportionen nicht. Ihren Busen werde ich mitnichten preisen, obwohl mir ein Schleier, der sich verschoben hat, gestattet, ihn von weitem zu begutachten; ihre Arme sind ein wenig lang, aber geschmeidig. Man könnte sich geradere Beine wünschen; immerhin enden sie in einem niedlichen Füßchen. Und natürlich haben wir *Probleme, Nerven, Migräne,* einen Mann, den man nur bei Tische sieht; diskrete Dienstboten, etwas seltsam, launisch, doch kurzweilig und nur sich selbst genügend ... Bei Gott!, werden Sie mir sagen, die wird Ihnen nichts bezahlen ... Aber ja doch! Weil sie eitel ist, weil sie die Großmütige spielen will, weil sie alle anderen übertreffen will.

Zunächst stellen Sie sich vor, daß wir es nicht an Respekt fehlen lassen, an Geist, an Witz und Witzen; natürlich hat Madame recht, alles gelingt ihr bestens ... Soll ich mich um ihre Toilette kümmern? Warum nicht? Ich plaziere ein Schönheitspflästerchen, ich gebe einer Schleife den letzten Schliff ... Ein Hut muß sein ... Guter Gott! Die Grazien selbst haben ihn erfunden! Der Gott des Geschmackes hat selbst die Blumen darauf arrangiert! Zephir selbst hat ihn mit Federn geschmückt. Wie der pflaumenblaue Schleier von diesem Englischgrün absticht ... Aber wer hat ihn geschickt? Sie merken schon, daß ich der Schuldige bin; und warum sollte ein Schuldiger nicht erröten? Ich habe mich verraten, ich bin verwirrt, ich schmolle ... Einige flüchtige Küsse und ein Louis lassen Victoire, ihre Kammerfrau, während meiner Abwesenheit für mich Partei ergreifen:

»Ach Madame, was er mir über Sie gesagt hat ...! Wie liebenswürdig dieser Herr ist! Er taugt mehr als Ihr Chevalier, und ich bin sicher, er kostet Sie nur eine Kleinigkeit ... Er ist kein Spieler, das weiß ich von seinem Lakaien, er ist eine reine Seele.«

»Glaubst du denn, daß ich genug Liebreiz habe, um ...«

»Mein Gott, Madame! Wie Ihnen dieser Hut steht! Kein bißchen älter als zwanzig!«

»Schweig, dummes Ding, weißt du denn nicht, daß ich schon etwas über dreißig bin ...?«

(Bei Gott, ja, seit zehn Jahren schon ist sie etwas über dreißig.) Ich tauche am Nachmittag wieder auf; sie ist allein: warum sollte sie auch nicht? Ich bitte artig um Pardon und mache sie dadurch erst heiß, sie wird weich, ich spiele den Leidenschaftlichen, sie kommt mir ... (so warten Sie doch mit dem Bespringen ... diese Frau ist von einer Hast, die mich noch um die Ausgaben für meinen Hut bringt). Sie können sich gewiß denken, daß mein Diener nicht so dumm ist, um mich nicht rechtzeitig zu benachrichtigen, daß der Minister (na mindestens!) mich erwartet. Ich bedenke ihn mit einem mörderischen Blick; ich bedecke die Hand, die in der meinen zittert, mit heißen Küssen ... Ich erhebe mich und gehe.

Währenddessen mache ich die Bekanntschaft einer Frau, die völlig blasiert, auf Teufel komm raus ihr Vergnügen sucht. Sie macht mir Avancen, weil ihre Ehre, ihr Ruf, ihre Anständigkeit ... Nun, das alles ist so weit weg wie ihre Jugend. Wir sind schnell handelseinig geworden; sie bezahlt mich; ich befummle sie, denn ich will zum Teufel nicht in sie dringen ... Mein Königsfinger besorgt es ihr; die Schikanen heben an. Ha, süßes Geld! Ich fühle deine gebenedeite Nähe ...! Da entscheidet man sich schließlich; schon hat man vierzehn tödliche Tage geschmachtet. Ich lasse in aller Bescheidenheit durchblicken, daß mich Dankbarkeit rühren kann, daß ich gewisse Verpflichtungen habe ... Ist es nur das? Sie bezahlt mir das Doppelte, und ich bin daraufhin quitt mit meiner Messalina: ich fliege in die Arme, die mir neue Wohltaten erweisen, und ich genieße ... nein, nicht gerade Vergnügen ... doch wenigstens die Befriedigung, nicht undankbar zu sein.

Ich hab es satt! Wenn man die Henne gestopft hat, legt sie keine Eier mehr; der Verdienst wird schmal, und ich schlafe.

»Was, du schläfst?«

Ja, des Nachts, mehr noch des Morgens ... dieser gesegnete Morgen, der die Hoffnung belebt und den Liebeskampfplatz erhellt. Sie beklagt sich, ich werde ärgerlich; sie redet von Lebensart und Undankbarkeit, und ich zeige ihr, wie unrecht sie hat, denn ich gehe auf und davon.

Gott Pluto, steh mir bei ...! Ein Gott steht mir bei, aber er ist nicht mit jenen glücklichen Attributen beladen: es ist der Gott des guten Ratschlags, der hurtige Merkur; er tröstet mich, er schmeichelt mir und schickt mich zu Herrn Doucet. Den kennen Sie gewiß nicht, nun, so hören Sie:

Ein Körper, den eine Soutane und ein langer Mantel schlank erscheinen lassen; ein Gesicht, das in sich die Reife des Alters, Korpulenz und Frische vereinigt; Luchsaugen; eine herausgeputzte Perücke; ein schlichtes Gemüt; seine Physiognomie ist offen, aber etwas beschränkt und verbreitet Zufriedenheit; er erlaubt sich nur einmal zu lächeln, aber dabei zeigt er schöne Zähne ... Das ist der Beichtvater à la mode; die Frommen strömen eilfertig herbei; das Geschäft sprudelt ergiebig.

Doch gibt es Privilegierte: Frauen, die sich geradezu perfekt in ihr gläubiges Gewissen hüllen, deren Fleischeslust dafür um so reger ist. Der Gottesmann verbirgt unter seinem heuchlerischen Gebaren eine heftige Seele und recht hübsche okkulte Neigungen. Zu Recht zweifeln Sie daran, daß man ihn vor solcherart Frauen warnen muß. Ich bemühe mich also um das Vertrauen des guten Mannes und entdecke ihm, daß ich fast ebensolch ein Tartüffe bin wie er; er stellt mich auf die Probe, und als er meiner sicher sein kann, führt er mich bei Madame von +++ ein.

Dort duftet es förmlich nach Heiligkeit, der Luxus ist solide und schnörkellos, alles ist bequem, ohne aufdringlich zu wirken ... Wie? Ein junger Mann bei einer Dame von erlesener Tugend! Genau, denn dadurch verliere ich die meine nicht, denn Sie werden gewiß zugeben, daß ich eine haben muß – zumindest besitze ich ebensoviel Seele wie Schamlosigkeit. Meine Besuche werden häufiger, allmählich reden wir vertrauter miteinander; nun denn, in Bälde werden wir, da bin ich mir sicher, bald dergestalt miteinander reden:

Am Ende einer Predigt (denn ich werde sie zwar nicht öffentlich begleiten, aber doch ganz in ihrer Nähe sitzen und meinen Blick himmelwärts richten, ohne indessen wirklich an den Himmel zu denken), am Ende einer Predigt also werde ich alle anwesenden Frauen einer Kritik unterziehen. Beachten Sie die Fragen, die meine Scheinheilige stellen wird.

»Wie haben Sie denn Madame Soundso gefunden?«

»O mein Gott, sie war zu stark geschminkt.«

»Trotzdem ist sie hübsch.«

»Sie würde Ihnen ähneln, wenn sie ihr Gesicht nicht derart verschandeln würde; aber dieses grelle Rot ... Dennoch verzeihe ich ihr das unbesehen, denn sie hat weder Ihren Teint noch Ihre dezente Farbgebung.« (Glauben Sie mir, dieserart Worte kann man ins Unermeßliche steigern.)

»Die Comtesse war geradezu ungebührlich angezogen.«

»Geradezu lächerlich.«

»Sie ließ ihren Busen sehen!«

»Und was für einen! Ich kenne nur eine Frau, die das Recht hätte, solche nackten Köstlichkeiten zu enthüllen. Und ein bißchen kann man davon ja wirklich sehen.« (Ein schneller Seitenblick auf ihr Busentuch, dessen Raffung meinem Blick entgegenkommt ... Ein anderer Blick straft mich gespielt, sofort werde ich wieder schüchtern, verwirrt.)

»Wie fanden Sie die Predigt?«

»Ich muß gestehen, ich war ein wenig zerstreut und unaufmerksam.«

»Doch die Moral war exzellent.«

»Da stimme ich Ihnen zu, doch wurde sie auf eine etwas frostige Art vermittelt; ein schöner Mund ist da überzeugender. Zum Beispiel Ihre Ermahnungen ... die haben eine ungeheure Wirkung auf mich! Die sind viel anregender, ich fühle mich dadurch viel stärker, viel mutiger ... Ach! Sie machen mir die Tugend lieb, weil ich Sie liebe ...«

(Ha, lieber Freund, jetzt müssen Sie sich vorstellen, wie ich bebend innehalte; ich werde blaß ... Ich bitte um Pardon ... Je mehr Verständnis man mir entgegenbringt, desto mehr übertreibe ich meine Entgleisung, um meine Schuld zu schmälern ...) Meine Frömmlerin verzeiht mir auch prompt, dennoch ist sie ganz bewegt, sie bittet mich, ihr etwas vorzulesen, eine Abhandlung über die Liebe Gottes. Wie betörend meine Stimme ist! Ich habe mich ihr gegenüber niedergelassen, mein stechender Blick belauert und umgurrt sie: ich umschreibe, schmücke aus; denn das ist längst keine Predigt mehr, was ich ihr unterjuble ... Ich ergreife die Gelegenheit beim Schopfe, meine Rhetorik macht das Boudoir ganz pumpeltöricht, und ich bin soweit.

Aber das Geld, das Geld. Ach Fickschwerenot, nur einen Augenblick! Schießen wir die Flinte erst mal ab ... Was für ein Genuß mit einer Betschwester! Welch charmante Griffigkeit! Wie sie unter mir rotiert! Was für Fleisch! Was für Seufzer! ... Ah, meine Heilige Jungfrau, wie gut du tust ...! Hach, mein herzallerliebster Jesus ...! Spürst du es genauso wie ich?

Aber das Geld! Heh, heh, heh! Sie halten mich doch nicht etwa für so schwachsinnig, es für umsonst zu machen ...? I bewahre ... was für eine Dummheit!

Ich treffe meinen Tartüffe, ich erzähle ihm alles, er ist diskret; er würde zuviel verlieren, wenn er es nicht wäre, denn er muß mir ja noch zu Diensten sein, selbstverständlich gegen eine anständige Provision.

Seit drei Tagen Abstinenz hat meine Betschwester nur ihren Lustknochen zur Tröstung. Der Gottesmann sucht sie auf.

»Ach, dieser arme junge Mensch! Ist er doch wieder der Sünde anheim gefallen! Die Kebsweiber haben ihn mit Beschlag belegt.« (Was für ein Hieb!)

»Ach, mein Vater, welche Schmach! Er ist doch im Grunde so anständig.«

»Madame, das ist sein Fehler nicht, seine Tugend besteht darin, zu aufrichtig zu sein. ›Mein Vater‹, sagte er zu mir, ›ich habe Spielschulden, mein *Gewissen* läßt mir keine Ruhe; vielleicht bringe ich mich um, ich bin das Opfer meiner Schuld ... Ach, was mir die Seele am meisten martert, ist, Madame +++ zu verlassen.‹ (Hier senkte sie die Augen.) ›Diese Frau ist anbetungswürdig; sie besitzt mein Herz ... Was hilft's, ich muß sie verlassen ... Welch Unglücksstern! Welch elendes Geschick.‹ Das, Madame, sagte er mir mit tränenerstickter Stimme.«

Man beklagt mich, spricht von etwas anderem, kommt wieder auf mich zurück.

»Wie hoch sind denn seine Schulden?«

»Dreihundert Louis ...«

Glauben Sie ernsthaft, daß eine Frau, die meine Zärtlichkeiten und meine Lenden gespürt hat und ihres Geheimnisses sicher sein kann, die mich nicht als Flegel erlebt hat, der nur die Abwechslung liebt, mir nicht sofort am nächsten Tag die Summe schikken wird?

Ich sehe Sie schon den Moralisten spielen: *aber das ist doch unanständig; die reine Liebe ist großzügig, Sie sind ein Gauner ...* Zum Teufel, Sie scherzen; Sie ruinieren das Metier; sie ist sechsunddreißig, ich bin vierundzwanzig; sie ist noch ganz gut, aber ich bin besser; sie hat ihrerseits Temperament und Geld, ich habe Saft und Kraft ... Ist das etwa kein Ausgleich?

Wollen Sie übrigens, daß ich mich von ihr frei mache? Ich tue ihr den Gefallen und posaune es öffentlich aus. Sie wird ihre Frömmelei aufgeben müssen; ich gebe sie der Gesellschaft, ja sich selbst zurück; sie ändert schließlich gar ihren Stand ... Nein, ich täusche mich, sie wird nur ihre Kleidung und ihre Frisur wechseln.

Und so käme meine Frömmlerin in die große Welt, ausschließlich durch meine Bemühungen.

»Aber es ist vielleicht besser, sie in ihrem Betschwesterndasein zu belassen; anderenfalls werden Sie sie verlieren, man wird sie Ihnen entführen.«

»Vielleicht habe ich andere Pläne; ihr Geld ist ausgegeben, ihre Diamanten sind verkauft, meine Laune ist vorbei ... Sie werden jedoch erleben, daß sie mir treu bleiben wird, um mich in Wut zu versetzen; ich muß mir die Mühe machen, Streit mit ihr vom Zaune zu brechen.«

»Den werden Sie bald haben.«

»Mitnichten, denn hier haben Sie meinen Entschluß: ›Madame, ich will Sie nicht an Ihre Güte erinnern, die ist mir teuer, und mein Herz liebt es, Ihnen gegenüber Verpflichtungen zu haben, die mir keine andere gewährt haben würde; beklagen Sie mich, denn es ist meine Dankbarkeit, die mich das Leben kosten wird; es ist die Sorge um Ihren Ruf, die mein Glück zerstören wird. Ich bin es Ihnen schuldig, Besuche, die Sie kompromittieren könnten, einzustellen. Ach! Ich weiß nur zu gut, daß ich mir mein Todesurteil diktiere, indem ich diese Trennung ausspreche.‹«

Heiliger Himmel, sei mein Zeuge! Mit allerlei Schnickschnack gelingt mir sogar so etwas wie Rührung; meine Dulcinea vergießt sowohl Tränen des Schmerzes wie der Freude: mein Abschied wird durch mehrere Aufenthalte auf sämtlichen Kanapees der Wohnung zementiert, und erst bei der letzten Ekstase gelingt es mir, mich in Sicherheit zu bringen.

Zum Teufel, eine Menge Scherereien. Trottel! Siehst du denn nicht, daß diese Frau meinen Ruf für alle Ewigkeit begründet; ich brauche nicht mehr selbst dafür zu sorgen, ich überlasse es ihr, ich bin der Phönix unter den Vöglern im Busch. Und außerdem bin ich alles andere als kopflos, sie ist nämlich die intime Freundin der Päsidentin von +++, und schon seit langem habe ich ein Auge auf diese reiche Witwe geworfen; es wird nicht lange dauern, bis sie zur Konfidentin meiner Verlassenen geworden ist; halten Sie mich nicht für so unerfahren, um jene nicht zu überzeugen, daß sie ein geeigneter Vorwand sei, uns noch zu sehen; andererseits verlasse ich ja schließlich Madame Soundso nicht wegen ihrer schönen Augen.

Alles geht wie gewünscht ... aber ich muß sie entzweien ... Los denn, Zwietracht, steh mir bei! Bald sticheln sie einander, die Stimmung wird eisig, die beiden Unzertrennlichen verkehren nicht mehr miteinander; die Präsidentin fordert, daß ich ihre Partei ergreife; da spüre ich meinen Wert und werde nunmehr selbst zum Fordernden. Was vermag nicht alles Rachedurst! Sie liefert sich mir aus, um ihrer besten Freundin einen Streich zu spielen.

Die Präsidentin ist fünfunddreißig und sieht nicht älter als achtundzwanzig aus; sie ist gut erhalten und nicht affektiert. Sie wäre die ideale Mätresse, wenn ihr Plappermäulchen einmal stillstände. Sie besitzt bei Frauen Geist, bei Männern Liebenswürdigkeit, in der Öffentlichkeit geziemende Zurückhaltung und den Ton und das Betragen einer Dame von Welt.

Besonders habe ich kaum ein lebhafteres Temperament kennengelernt, das ausdauernd und doch gleichzeitig so vielseitig ist. Ihre Zärtlichkeiten sind verführerisch, weil sie natürlich sind, und an die zwanzigmal war ich nahe daran, mich in sie zu verlieben. Allerdings ist sie nicht fehlerlos – so ist sie von sich mehr als überzeugt; ihre Entschlüsse sind Orakel, ihre Vorhaben Gesetz: ich habe noch nie so etwas Herrschsüchtiges gesehen. Es stimmt völlig, daß sie das Was und Wie bestimmt und man oft nur ihrem Willen folgt, auch wenn man glaubt, dem eigenen Trieb zu gehorchen.

Ihre Gesellschaft zeichnet mich aus, ich bin der Gebenedeite ihrer Tage; sie vertraut mir: nichts ist gut, wozu ich ihr nicht geraten habe. So verbringen wir sechs zeitraubende Wochen miteinander. Ich vergesse, daß sie auch die Vertraute meiner Geschäfte sein will. Eines Tages komme ich zu ihr ... Ich bin schlecht gelaunt.

»Was hast du, mein Lieber? Du blickst so finster drein.«

»Was!« erwidere ich und zwinge mich zu lächeln. »Ich sollte Ihnen schlecht gelaunt begegnen?«

Sie dringt in mich, ich schweige hartnäckig, spiele den Zerstreuten, und auch die Tischgesellschaft vermag meinen Trübsinn nicht zu bannen: man schlägt mir eine Partie vor, ich lehne ab und verdrücke mich endlich gegen Mitternacht.

Na, das ist recht simpel, werden Sie sagen; wer macht das nicht ebenso ...? Selber simpel, hören Sie nur.

Hatte nicht mein Diener, ein rechter Crispin, den glorreichen Einfall, die Kammerjungfer der Präsidentin zu bespringen, um sich die Zeit zu vertreiben. Nun, an besagtem Tag tut er genauso traurig wie ich, sein Liebchen bedrängt ihn ebenso wie das meine mich; und da er von Natur aus recht mitteilsam ist, gesteht er ihr, daß *ich letzte Nacht bei der Herzogin von Soundso soupiert habe, die mich trotz meines Widerwillens zu einer Partie Pharao überredet hätte.* Und da es ein mörderisches Spiel gewesen sei, habe ich gewaltig verloren; und da ich nicht reich sei, befände ich mich in ziemlicher Verlegenheit; doch was mir am peinlichsten wäre, sei die Tatsache, den Diamanten, den mir die Präsidentin geschenkt hatte, versetzt zu haben. Aber ach! Selbst dieser wertvolle Ring habe nicht ausgereicht, meine Spielschulden zu begleichen, und nun sei ich ohne einen Sou.

Dabei betreibt er natürlich sein eigenes Geschäftchen, denn der Kerl ist fast genauso durchtrieben wie ich: auch ihn habe man gezwungen zu spielen, und nun befinde sich seine Uhr zusammen mit meinen Habseligkeiten bei Madame Borgereich. Die arme Adelaide, die den Galgenstrick liebt, zieht aus ihrem Nachttisch vierzig Goldstücke – ihr gesamtes Vermögen und gleichsam die Früchte meiner Trinkgelder. Der Halunke steckt sie ein; aber das ist noch nicht alles.

Mir fallen gewisse Heimlichkeiten zwischen der Präsidentin und ihrer Kammerzofe auf, ein Flüstern und ein ewiges Hin und Her: man hat Madame alles erzählt; Madame läßt sich nun ihrerseits von meinem Strolch alles haarklein berichten und gibt ihm auf der Stelle fünfhundert Louis.

»Zwölftausend Francs?«

»In Gold, sage ich Ihnen, um alles zu begleichen und mir noch etwas zu lassen ...«

Als ich das Haus verlasse, finde ich meinen Schnapphans in meiner Karosse, und wir führen den Schatz triumphierend nach Hause.

»Kerl, das darf doch nicht wahr sein?«

»Zum Teufel, aus welcher Hölle stammst du

bloß? Unglaublich, du besitzt kein bißchen Phantasie; streng deinen Kopf ein bißchen an.«

Am nächsten Morgen eile ich in leichtem Anzuge zur Präsidentin; süße Freude glimmt in ihren Augen, ich trage ihren Diamanten am Finger ..., ich will sie zum Reden bringen (denn sie hat natürlich begriffen, daß mir mein Diener unter gar keinen Umständen etwas verraten durfte), generös tischt sie mir in all ihrem Edelmut eine Lüge auf; aber an der Lebhaftigkeit meiner Zärtlichkeit spürt sie sehr wohl meine Dankbarkeit und daß sie mich nicht täuschen kann. Ich dämpfe ein wenig meine Glut und komme auf ihre Wohltaten zu sprechen; sie heißt mich zu schweigen und gibt mir zu verstehen, daß ich ihr das ganze Vergnügen rauben würde, mir einen Dienst erwiesen zu haben, wenn ich noch weiter darüber reden sollte.

Was denn, ungeheuerlicher Mensch, soviel Liebe und Großmut rührt dich nicht! Aber ja doch, bei Gott, und um ihr meine Dankbarkeit zu beweisen (und auch ein wenig, um mich ihrer zu entledigen), verheirate ich sie mit einem Mann aus meiner Bekanntschaft, der sie zur glücklichsten Frau von ganz Paris macht. Aus Liebhabern werden wir nun zu Freunden, und ich eile – nein, nicht nach neuem Ruhm, sondern zu neuen Geldbörsen.

Von der vollkommenen Liebe und der planmäßigen

Genußsucht der Betschwester wie der Präsidentin abgestoßen, blase ich nur Trübsal vor mich hin, als mich mein guter Stern zu Madame Saint-Just (erprobte Kupplerin für delikate Partien, Rue Tiquetonne) führt; ich teile ihr mit, daß ich Vakanzen habe, vor allem aber in meiner Börse Ebbe ist; sie legt mir eine ihrer Listen vor, schauen wir die uns mal an:

Erstens: *Baronin von Mösenpächter* ... Votztausend, das nenn' ich einen Namen!

»Was ist das für eine Frau?«

»Eine kleine Provinzlerin, die nach Paris gekommen ist, um ihre fünfzig- oder sechzigtausend Francs, die sie in zehn Jahren zusammengerafft hat, auszugeben.«

»Hat sie noch was davon übrig?«

»Kaum.«

Weiter. Warum schmückt sich dieser Trampel bloß mit einem Markennamen?

Zweitens: *Madame von Kreiselarsch.*

»Wieviel zahlt sie?«

»Zwanzig Louis pro Sitzung.«

»Im voraus?«

»Nie; aber sie ist nichts für Sie: zu weit.«

Drittens: *Madame Teufelsschlund.*

»Halt! Genau das, was Sie brauchen. Eine Amerikanerin, reich wie Krösus; und wenn Sie sie zufriedenstellen, gibt es nichts, was sie nicht für Sie tun würde.«

»Schön. Du wirst mich ihr vorstellen?«

»Morgen, wenn Sie wollen.«

»Hier?«

»In ihrem eigenen Haus.«

»Ihr Name hat etwas Diabolisches, das mich entzückt.«

Ich gebe ihr die Liste zurück, worauf mir die gute Saint-Just mit geheimnisvoller Miene vorhält:

»Lieber Freund, Sie haben viel Jugend vernascht: was haben Sie dabei gewonnen? Die Syphilis. Warum nicht auf die Weisheit des Alters hören? Ich habe hier noch ein wahres Vermögen, eine Alte.«

»Der Teufel soll es dir besorgen!«

»Ach, wenn sich Ihr Wunsch erfüllen könnte! Immer noch besser als gar nichts; aber darum geht es nicht, ich rede von einer wahren Schatzkammer: vertrauen Sie mir, und wir richten uns dort ein.«

»Meinetwegen, soll mir recht sein, ich verlasse mich auf deine Klugheit.«

Währenddessen begebe ich mich anderntags um sieben Uhr abends zu meiner Amerikanerin. Ich finde Überladenheit und üppigen Luxus, viel Gold, aber alles ohne Geschmack eingerichtet; desgleichen Kaffeeballen, Bonbonberge, Rechnungen; kurz, ein übersäuerter Geschmack, den ich, bei Gott, von vielerlei Gelegenheiten nur zu gut kenne.

Was mich störte, war, im Nebenzimmer eine Männerstimme zu vernehmen, deren Dröhnen mir Unbehagen verursachte. Schließlich geht die Tür auf, wer erscheint? Meine Göttin ... Heiliger Pimmel, was für ein Weib!

Stellen Sie sich eine Säule von fünf Fuß und sechs Zoll vor; schwarze, lockige Haare beschatten eine niedrige Stirn, zwei buschige Augenbrauen geben den stechenden Augen mehr Härte, ihr Mund ist breit; eine Spur von Schnurrbart erstreckt sich unter der mit spanischem Schnupftabak vollgepfropften Nase; ihre Arme, ihre Beine, all das ist von kolossaler Form, und es ist ihre Stimme, die ich für die eines Mannes gehalten habe.

»Teufel!« sagt sie zur Saint-Just. »Wo hast du dieses Schmuckstück aufgegabelt? Noch ganz jung, und wie klein er ist! Macht nichts, klein und dick, Frauenglück ...«

Zur Begrüßung umarmt sie mich derart, daß ich zu ersticken meine.

»Bei Gott, ist der schüchtern.«

»Oh, er ist noch ganz neu in dem Metier.«

»Wir werden es ihm schon besorgen ... Aber was hast du, bist du stumm?«

»Madame«, sage ich zu ihr, »der Respekt.« Ich bin ganz baff.

»Ach, scher dich zum Teufel mit deinem Respekt ... Adieu, Saint-Just. Ja, ja, ich nehme meinen Kraftlatz; wir essen und schlafen zusammen.«

Wir sind allein; meine Schöne wirft sich auf ein Sofa; ohne mich mit Kleinigkeiten aufzuhalten, springe ich auf sie, und meine Hand prescht zur

Plünderung vor. Ich lege einen rotbraunen Busen bloß, aber hart wie Marmor; einen superben Körper; eine gewölbte Scham mit dem hübschesten Busch ... Während der Fleischbeschau seufzt, nein, röhrt meine Schöne geradezu wie eine rossige Stute, ihr Arsch bläst zum Angriff, und ihre Nille jiepert ... Heiliger Pimmel, mich packt die Lust, mit kräftiger Hand richte ich sie mir her, ich bin soweit ... O Wunder ... Mein Riesenweib ist eng. Mit zwei Stößen schiebe ich ihn ihr bis zu den Eiern rein ... Ich durchbohre sie ... Sie zermalmt mich ... Blut fließt ... Bald bin ich oben, bald unten, das Sofa ächzt, bricht, kracht zusammen ... Die Bestie liegt am Boden, aber ich bleibe in ihr; ich galoppiere noch wilder ...

»Komm, mein Lieber ... komm ... fick mich ... Ah, ah, ah! Mach zu, fester ... Ah, Pimmelherrgott, machst du das gut, ah, ah, ah! Verflixt, laß mich nicht los, laß mich nicht los ... Oh, oh, oh ... weiter ... weiter ... Gleich kommt es mir ... Komm schon ... mach ... schieb nach, schieb nach!«

Gebenedeites Fickweibchen, ihr Springinsfeld von Arsch rotiert wie ein Kreiselkompaß und läßt meinen Johannes herausrutschen ... Ich laß nicht locker ... Meine Rute lodert ... Ich erwische sie an ihrem Haarbusch (nicht der auf dem Kopf) und halte siegreich Einzug ...

»Ah!« macht sie. »Ich sterbe ...«

»Verhurtes Weibchen!« (Ich knirsche mit den

Zähnen). »Wenn ich jetzt nicht kommen kann, erwürge ich dich ...«

Sie keucht, ihre Augen verschleiern sich, sie bittet um Gnade ... Nein, zum Teufel, kein Pardon ... Ich rammele für zwei ... in gestrecktem Galopp ... Meine Eier speien Flammen; sie vergeht vor Wonne ... Ich vögle wie wild drauflos und lasse sie nicht aus den Klauen, bis wir uns in Samen und Blut entladen ...

Es ist vollbracht, ich glaube, ich kann die Hose wieder hochziehen. Nachdem wir uns wieder etwas gesammelt haben, beglückwünscht mich meine Husarin, indem sie sich selbst beglückwünscht; während sie zum Bidet geht, richte ich das Sofa so gut ich kann wieder her.

»Was tust du denn da?« fragt sie mich, als sie zurückkommt. »Mein Freund, meine Leute sind an so etwas gewöhnt, zudem habe ich einen Kammerdiener, der Polsterer ist und jeden Morgen alles wieder richtet.«

Sie können sich denken, daß wir nicht gerade gefühlvoll miteinander sprachen. Wozu auch? Anschließend schauen wir uns ihr Haus an, ihren Tresor, der voller Barrengold ist; die Schätze der Welt sind hier angehäuft. Schließlich kommen wir in ein kleineres Zimmer, sie öffnet einen Geldschrank.

»Hier«, sagt sie, »nimm diese Brieftasche.«

Ich ziere mich.

»Mach schon, wenn er einem so steht wie dir, dann hat man Anspruch auf solch eine Bezahlung.«

Ich stecke sie in meine Tasche, wobei ich bemerke, daß sie fünfhundert Louis auf sichere Wechsel enthält ... Das nennt man eitel Wonne.

Wir soupieren: mein Gott, ich habe es auch bitter nötig! Sie reicht mir Morcheln, Trüffeln in Schinkenbrühe, Champignons à la marseillaise; zum Nachtisch vorzügliche Plätzchen, nicht zu vergessen die Liköre von Madame Lotterglück ... Vom Tisch weg werfen wir uns wieder ins Bett, und ich glaube, in meinem ganzen Leben habe ich noch nichts dergleichen erlebt.

Wir verabreden uns zu übermorgen, ich komme an ... Madame ist krank. Ach, es ist nur zu einfach, sie war ganz erhitzt; und was ich ihr auch sagte, sie wollte, daß ich – im Januar! – das Fenster öffne. Eine Lungenentzündung bringt sie nach drei Tagen unter die Erde ... O Schmerz! Ich werde ihr ein *De profundis* bei der Saint-Just lesen lassen.

Nachdem die Tränen der Kupplerin abgewischt und ihre Klagen verklungen sind (denn sie hält mir vor, daß die Amerikanerin eine ihrer besten Kundinnen war), versichere ich ihr, daß ich – durch diesen Todesfall sehr aufgewühlt – nachgedacht habe, und da ich das Alter schon immer verehrt habe, würde ich sie um ihre Vermittlung bitten, um der Alten, von der sie mir erzählt habe, meine Dienste zu widmen. Wir legen einen Tag fest, und nach einer Woche werde ich bei Madame *In aeternum* eingeführt.

LUD.XVI.D
Ma conversion ou

Man hatte mir hinterbracht, daß sie wirklich sehr reich sei, und so überraschte mich die Größe ihres Hauses, die Pracht der Livreen und der Möblierung mitnichten, im Gegenteil, genauso hatte ich es mir im voraus vorgestellt ... Ha! Diese Fee würde sich schön an meinem Fummelhobel laben!

Das Tête-à-tête wurde vereinbart; man erwartet mich; ich entfalte meine Anmut; bemüht, auch die Ihre herzurichten, war meine Alte noch in ihrem Ankleidezimmer, einem unzugänglichen Zufluchtsort. Ich werde in ein lila und weiß gehaltenes Boudoir geführt und muß dort warten. In den kunstvoll verzierten Feldern der Täfelung spiegeln sich in mannigfaltiger Art alle Gegenstände, und die erleuchteten Fackeln von Liebenden erhellen den reizenden Ort. Ein niedriges und ausladendes Sofa drückt mittels grüner Kissen, die auf ihm liegen, Hoffnung aus; der Blick verliert sich durch geschickt angebrachte Spiegel in endlosen Weiten und wird nur von wollüstigen Bildern aufgehalten, die durch tausend verschiedene Stellungen Interesse wecken; schwere Düfte verströmen einen Hauch von Sinnlichkeit. Schon erhitzt sich meine Einbildungskraft, mein Herz klopft, es fiebert; das Feuer, das durch meine Adern pulst, macht meine Sinne hellwach ... Die Tür geht auf, vor meinen Augen steht eine junge Person; ein bescheidenes Negligé, eine naive Schlichtheit, Reize, die zu entfachen es nur der Huldigung der Liebe bedarf; entzückende Details ... So offenbart sich mir die hübsche Nichte meiner vornehmen Dame, die schöne Julie; sie übermittelt die Entschuldigung ihrer Tante, die durch Geschäfte zurückgehalten wird, und bittet darum, mir Gesellschaft leisten zu dürfen. Ich erwidere dieses Kompliment durch die üblichen Höflichkeiten, und so nehmen wir in Sesseln in einer Zimmerecke Platz; Julie hält Abstand vom Sofa (ach, für mich gab es da wohl mehr zu fürchten), meine Augen huschen über sie hinweg, ich spüre die Schüchternheit einer beginnenden Liebe, den Kampf meines Verstandes gegen mein Herz; mein feuriger Blick bleibt nicht ohne Wirkung auf Julie, unser Gespräch wird ein wenig schleppend, aber unsere Seelen haben einander schon verstanden.

»Mademoiselle ist gewiß das Glück Ihrer Tante, da Sie deren Gesellschafterin ist?«

»Meine Tante ist sehr freundlich zu mir.«

»Der Überfluß hier gefällt Ihnen zweifellos, und Ihre Anmut« (Julie seufzt) »hat tausend Bewunderer.« (Röte steigt mir ins Gesicht.)

»Ach, mein Herr, wie viele dieser Bewunderer verdienen, als das genommen zu werden, was sie tatsächlich sind!«

»Wie! Sie hätten noch keinen getroffen, dessen Huldigung Sie interessieren könnte?« (Sie ist verwirrt.) »Pardon, mein Gott, ich war im Begriff, eine Indiskretion zu begehen ... Doch würden Sie mich denn verurteilen, Mademoiselle, wenn ich eine ersehnte?«

Wir vernehmen Lärm; ein Blick, der beredt genug ist, bleibt Julies ganze Antwort.

Die Tante war mit ihrer Toilette fertig geworden; sie tritt auf ... Stellen Sie sich, mein Freund, ein häßliches Kind um die sechzig vor. Ihre Figur ist ein umgestülptes Ei; eine artistisch mit einem Rest schwarzgefärbter Haare verwobene Perücke beschattet die Spitze; rotgeränderte, schielende Augen, so daß sie an mir vorbeizublicken scheint, ein gewaltiger Mund, von Bourdet jedoch vorzüglich ausgestattet – weiß, rot, zinnober, blau, schwarz und derart künstlerisch und mit Sinn für Symmetrie arrangiert, daß nur die Augen des Kenners und ein erprobtes Geruchsorgan es entdecken können.

Ein Kleid à la anglaise, weiß und violett, wird durch Tüllschleifen zusammengehalten, deren Enden tropfende Perlen bilden, die in kunstvoll gearbeitete Eicheln von seltenem Geschmack auslaufen; ein Spitzentuch bedeckt die Stelle, an der sich vor vierzig Jahren eine Brust befunden haben mußte ... Wie glückselig wäre ich gewesen, wenn ich danach nicht noch mehr hätte sehen und fühlen müssen.

»Mein Gott, mein teures Herz«, sagt sie geziert, wobei sie sich auf dem Sofa niederläßt und mich gleich mitzieht, »ich bedaure außerordentlich, daß Sie sich mit einem kleinen Mädchen« (Julie war verschwunden) »langweilen mußten, sie ist meine

Nichte und weiß so gut wie nichts von der großen Welt.«

»Wie, Madame, Ihre Nichte? Das würde man bei ihrem Alter gar nicht vermuten.«

»Das ist wahr, aber ihre Mutter ist meine ältere Schwester ...« Dann packt sie meine Hand. »Die Saint-Just, mein Lieber, hat mir geradezu vorgeschwärmt von Ihnen; sie erzählt da Dinge ... oh, geradezu unglaublich!«

»Diese Art von Frauen schmeichelt unsereinem mitunter; aber sollte ich ihr je zu Dank verpflichtet sein, so nur dafür, Ihnen meine Huldigung erweisen zu dürfen.«

»Ha, mein Herz, dann lassen wir das Geplänkel! Deine Art sagt mir zu, du bist hübsch, sei hübsch klug, und du wirst es nicht bereuen. Es ist an der Zeit, daß ich den Salon aufsuche, ich habe Gäste, du wirst bei mir soupieren ...«

Eine Verbeugung ist meine Antwort, ein Kuß verschließt mir den Mund (Verflucht! Reinster Essig).

»Spiele nicht«, fährt sie fort, »plaudere mit meiner Nichte, du wirst als ihr Liebhaber gelten ...« (Ach, du verblichener Altencharme, die Morgenröte der Liebe ist dabei, für mich aufzugehen! Ich könnte dich aus freien Stücken umarmen! Doch zum Teufel, die Malerei!) »Wir ziehen uns zurück, wenn wir die ungebetenen Gäste losgeworden sind.«

Meine Qual wird also noch einmal aufgeschoben ... Wir betreten den Salon; dort hat sich eine zahlreiche Gesellschaft versammelt, und während Julie und ihre Tante die Spielrunden arrangieren, überlege ich.

Liebe! Liebe! Du bist also doch dabei, mich zu hintergehen, zu verwirren, zu durchbohren! Grausamer Gott! Bin ich nicht lange genug dein Opfer gewesen? Willst du dich rächen? Welche Rolle hast du dir für mich ausgedacht? Gegenstand der Launen einer scheußlichen Alten, werden Schönheit und Anmut zu meiner Gewissensqual. Ach, was für ein liebenswertes Kind! Wenn ich es je verstanden habe, Herzen zu erobern, indem ich sie deinem Reich unterworfen habe; wenn ich dir, Gott der Liebe, auf deinen Altären den Weihrauch darbot, der dir angenehm war, ach, dann beschütze mich ...! Man erhört mich ... neue Glut durchströmt mich, Julie, die schöne Julie, wird mein Herz empfangen, meine Empfindung, und ihre Tante soll nichts weiter an mir haben als einen teuer erkauften Tribut.

Das Spiel gebietet Schweigen; jeder ist beschäftigt. Julie, am anderen Ende des Salons, hat aus reiner Schicklichkeit ein Buch zur Hand genommen, und ich bin im Handumdrehen an ihrer Seite, sie ist beunruhigt, ich bin befangen.

»Nun«, sagt sie zu mir, »hat man Ihnen Ihre Rolle schon zugewiesen?«

»Ach, Mademoiselle, wenn Sie die Güte hätten, in meinem Herzen zu lesen, dann wüßten Sie, was ich für ein Herz habe.«

»Ich muß gestehen, mein Herr, sosehr ich diesbezüglich auch an die Motive Ihres Vorgehens gewöhnt sein mag, so ertrage ich sie aus Ihrem Munde nur schwer.«

»Sie verabscheuen mich demnach, Mademoiselle? Ah, ich verstehe nur zu gut, Sie werfen mich in einen Topf mit diesen lockeren Burschen, die sich Ihre Tante hält; Sie denken, ich verberge mich hinter einer betrügerischen Maske; nun, das habe ich wohl verdient! Tut nichts zur Sache, man muß Sie von einem Objekt befreien, das Ihnen mißfällt; vielleicht erringe ich dadurch Ihre Wertschätzung. Ach, schöne Julie, eines Tages werden Sie begreifen, daß ich mir nicht Ihren Haß zuziehen wollte ... aber Sie wollen ja nicht auf mich hören; Sie verabscheuen mich, Sie mißtrauen mir ... doch könnte ich Ihren Abscheu vor mir nicht lange ertragen ...« (Ich erhebe mich.)

»Mein Gott, Herr!« sagt sie ganz aufgewühlt zu mir. »Was tun Sie? Ich wäre verloren, meine Tante würde mich beschuldigen ... was weiß ich ... sie vielleicht hintergangen zu haben.«

»Nein, nein, das wäre töricht von ihr, Sie erweisen ihr jeden Dienst. Sie, ihr dienen ... Julie! Gott! Welch Gedanke! Und Ihrem Liebhaber ...« (Julie ist verwirrt und zwingt sich zu lächeln).

»Meinem Liebhaber ... denken Sie so? Indes, Sie sind doch auf Empfehlung hier angekommen ...«

»Ich verstehe Sie, Mademoiselle ... und wenn es

das einzige Mittel gewesen wäre, um zu Ihnen vorzudringen ... würden Sie mich dann immer noch für so verabscheuenswürdig halten? Seit sechs .Monaten bewundere ich Sie« (Sie ahnen, mein Freund, daß ich bis dahin noch nichts davon wußte), »ich folge jedem Ihrer Schritte, ich vergehe insgeheim, ich erkundige mich, man teilt mir jede Laune Ihrer Anstandsdame mit, und ich bin gezwungen, das reinste Gefühl, das ich je hatte, mit dem Schleier des Unehrenhaften zu bedecken« (die arme Kleine! Wie gerührt sie ist! Wie ihr Busen bebt! Was für ein Busen, mein Gott! Hündin von einer Alten, davon könnte sie sich eine Scheibe abschneiden!) ... »Sie sagen nichts ... Erbarmen, Julie, wir haben nur einen winzigen Augenblick, entscheiden Sie über mein Glück. Warum mich zum doppelten Opfer Ihrer Strenge und der Gunst Ihrer Tante werden lassen?« (Dieses Wort *Gunst* wurde von mir mit so traurigem Ton ausgesprochen, daß sie überzeugt war; sie lächelte).

»Nun gut, ich glaube Ihnen«, sagt sie zu mir, »weshalb sollten Sie mich auch täuschen? Ich bin ohnehin schon unglücklich genug! Ach, und nun hängt es nur von Ihnen ab, mich noch weitaus unglücklicher werden zu lassen.«

Ich werde Ihnen nicht die Details eines Gesprächs schildern, das nicht unbeobachtet stattfand; aber, mit einem Wort, wir kamen überein, daß ich der Liebhaber der Tante werden sollte und wir jeden günstigen Augenblick nutzen wollten, um uns zu sehen, wobei wir, die Kleine und ich, so gleichgültig wie nur möglich miteinander umgehen wollten.

Man soupiert also. Nach dem Essen spiele ich mit meiner lieben Tante eine Partie Brelan; alle Welt bricht auf. Julie hat sich bereits seit Mitternacht zurückgezogen, ich bin allein. Und nun zeigt mir die Alte durch ihre zähen Zärtlichkeiten die ganze Unerbittlichkeit meines Schicksals; indes, ich mache gute Miene zum bösen Spiel; sie erhebt sich, um in ihr Schlafzimmer zu gehen; ich erhebe mich ebenfalls, um mich an meine Nachttoilette zu machen. Schließlich ist die Schäferstunde gekommen, der fatale Augenblick ist da; eine Kammerfrau ruft mich, ich komme, wobei ich – du weißt schon, was – suche und nichts finde.

»Nichts?«

Nichts, der Teufel soll mich holen: rate, wo es verborgen war. Doch da entdecke ich eine hübsche dicke Börse zwischen zwei Kerzen, die auf dem Nachttisch von Madame stehen; im Vorübergehen nehme ich sie an mich. Meine Göttin hatte die Nachthaube auf ... Himmel, was für ein verführerischer Reiz! Ihr Marterbett mit den jonquillefarbenen Bettüchern scheint zu ihrem Teint zu passen (denn der tagsüber zur Schau getragene war auf sechs Taschentücher verteilt, die nach der Wäscherin verlangten). Eine Grimasse, die ein Lächeln sein soll, läßt mich wahrnehmen, daß sie kaum beißen wird. Endlich besteige ich den Opferstock.

»Steht er dir?«

Ach, er muß ... notgedrungen – oder ich verzichte auf Julie und die so notwendig gewordene Börse; denn dieses vermaledeite Brelan-Spiel hat mich meine letzten Louis gekostet ...

Was rede ich von Besitz? Zum Teufel, ich nehme jetzt von etwas anderem Besitz. Sperr die Augen auf, mein Lieber, deinetwegen verhülle ich der Intimitäten keine ...

Mit Händen und Füßen durcheile ich den bejahrten Charme meiner Dulcinea ... der Busen ... ich könnte ihr notfalls noch von meinem etwas abgeben ... lange, ausgezehrte Arme, hagere und ausgemergelte Schenkel, einen eingesunkenen Venusberg, eine welke Möse, deren natürlicher Geruch von dem Ambra, mit dem sie parfümiert ist, kaum verdeckt wird. Doch was hilft's, irgendwie steht er mir; ich schließe die Augen, taste nach meiner Bohnenstange und schieb' ihn ihr rein. Ihre beiden Beine liegen über meinen Schultern, und mit kräftigem Griff stülpe ich sie mir über meinen Lausewenzel. Ein recht stattlicher Buckel, den ich dabei entdecke, dient mir als Stütze für die andere Hand. Ihr vorgereckter Hals bringt mich in gefährliche Nähe ihres abstoßenden Gesichts, aus dessen klaffendem Mund mir eine Zunge entgegenschlängelt, der ich nur mit einer anstrengenden Kontraktion meiner Nackenmuskeln entgehe. Schließlich nehme ich sie im Galopp ... Meine Alte schwitzt in ihrem Geschirr, ihr rostiges Gestell gerät in Wallung, fast gibt sie mir Stoß auf Stoß zurück; ihre Arme verlieren das Ungelenke, sie verdreht die Augen, sie schließt sie halb, und dadurch werden sie erträglich ... Verdammt, ich werde rasend; es kommt mir nicht, ich schüttle sie ... und plötzlich flutscht er mir heraus. Sapperlot! Wut packt mich, ich bin in voller Fahrt; die Fersen gegen einen Bettpfosten gepreßt, rammle ich sie, hebe sie an, und nun läuft es ...

Ha, mein Lieber, mein Kleiner! Ha, mein Herz! Ich sterbe! Ha, ich rechnete gar nicht mehr damit ... Es ist so lange her. Hah! Ich, ich ... ich komme! Ja, mein Freund, und ich bin schon lange da ... Der Teufel soll mich holen, aber ihre Zuckungen verschaffen mir fünf Minuten lang die Illusion, die Alte habe einen Genuß wie mit dreißig; sie braucht lange, bis sie wieder zu sich kommt, sie ist völlig erschöpft. Aber auch ich bin ganz naß ... Und noch etwas: Als ich mich abtrockne, finde ich eine doppelte Perücke, es ist diejenige meiner Wollüstigen, die nur angeklebt war und sich nun durch das Auf und Ab und Hin und Her unserer Körper mit meiner Wolle vereint hat. Die Verwirrung der guten Frau ist köstlich. Ihr Häubchen und der Aufbau, der ihr als Haar dient: alles zum Teufel; peinlich berührt blickt sie drein.

»Na na, meine Beste«, sage ich zu ihr, »kein Geziere zwischen uns; je natürlicher, um so besser gefällst du mir, und zum Beweis dafür fang' ich nochmal von vorne an.«

Mit diesen Worten bespringe ich sie erneut und führe das Abenteuer bis zum glücklichen Ende. Nur gut, daß sie keine Zähne mehr hat, ich wäre sonst gebissen worden.

Nach dieser Reprise läutet sie. Mademoiselle Macao, die uns als schwarzer Eunuch dient, ordnet ihr die Kleider. Während ich mich ankleide, singt die Alte mein Lob in höchsten Tönen ... Zweimal, meine Liebe, zweimal! Oh, dieser kleine Engel ist ein Wunder; die anderen haben mir gerade mal das Wasser im Munde zusammenlaufen lassen, aber er ... Leg deine Hand hier hin, ich bin ganz naß.

Es ist vier Uhr morgens, als ich mich anschicke, Abschied zu nehmen. Indem mich die Alte umarmt (bei Gott, das ist alles andere als angenehm), gibt sie mir zwei Börsen statt einer und läßt mich wissen, daß sie zweihundert Louis enthalten statt hundert, die sie gewöhnlich gibt.

»Nein, Madame«, sage ich generös, »wenn ich glücklicher gewesen sein sollte als ein anderer, so steht mir doch nicht der Sinn nach doppeltem Entgelt; ich akzeptiere die schlichte Zeugenschaft Eurer Güte, doch möchte ich mich dadurch weder der Möglichkeit berauben, öfter wiederzukommen oder einem Geschmack zu genügen, der Euch zufriedenzustellen scheint.«

»Meiner Treu, ich hätte es für bare Münze genommen.«

Tölpel! Weißt du nicht, wie man diese Lustgreisinnen ruiniert! Zum Beweis: Hingerissen zieht sie einen wunderschönen Brillanten von ihrem Finger (ich habe ihn sage und schreibe für zweitausend Ecus verkauft) und streift ihn mir über. Danach ziehe ich mich zurück mit der Erlaubnis, zu jeder Tages- und Nachtzeit wiederkommen zu dürfen und den Liebhaber Julies zu spielen, um unsere Amoure zu verbergen ... Ich mache Ausflüchte, doch die alles bedenkende Tante erläutert mir so überzeugend diese Notwendigkeit, daß ich mich aus Liebe zu ihr darein füge.

Sollte ich nun, bei mir zu Hause angekommen, endlich Ruhe finden? Nein, Julie ... Julie, dein Bild verwirrt mich! In diesem Augenblick sehe ich dich vor mir, ach, als Beute meiner mir bis dahin unbekannt gebliebenen Begierde, du beschuldigst mich und schluchzt; ich selbst seufze ... Häßliche Geldgier! Welch fürchterlicher Gottheit zwingst du mich mein Blut zu opfern? Mehr noch! Es ist mein Reinstes, das ich fruchtlos auf diesem schmutzigen Altar opfern muß ... Aber werde ich nicht entschädigt? Wo fände man wohl ein liebreizenderes Kind? Ach, Julie, möge mich die Liebe in deinen Träumen veredeln und die Süße eines Traums dich auf die Wonnen der Wirklichkeit einstimmen! Vorwärts, mein tapferer Ritter, zu Hilfe, was ist aus dir geworden?

Geld, zum Henker mit dem Geld, es ist die Hauptsache im Leben: Front gemacht dagegen! Möge das Feuer der Liebe meinen Mut entflammen und mir diese ursprüngliche Kraft bescheren, von der es heißt, daß unter ihrem blutigen Messer so viele Jungfrauen Israels gefallen sind ... Und du, Priapus, Schutzpatron der Beschäler, ich beschwöre dich, möge mich eine klägliche Trunkenheit bei meiner Alten packen! Ich opfere dir all ihre Vollkommenheiten ... Möge sie beim Vögeln krepieren! Das ist ein Untergang, der deiner würdig ist.

Man wird sich wohl vorstellen können, daß kein Vormittag verging, an dem ich mich nicht zu meiner Lieben begeben hätte. Schon am frühen Morgen empfängt man mich. Die treusorgende Macao gibt mir Ratschläge, wie ich Madame gefallen kann, und ich opfere einen Teil meines Geldes, um es in Hülle und Fülle zu gewinnen. Meine Alte empfängt mich mit all der Liebenswürdigkeit, zu der sie fähig ist ... Aber, was für eine Überraschung! Haben Sie jemals einen Luftballon gesehen, wie er mit Luft gefüllt wird? Jeder Luftstoß scheint ihm seine Frische wiederzugeben; seine runzlige Haut wird glatt, und die Sonnenstrahlen, die sich in ihm spiegeln, geben ihm verlorenen Glanz zurück ... Genauso war der Zustand meiner Alten; ihre Augen sind nicht mehr gerötet; ihre Runzeln verschwinden, und hätte sie Haare, Busen und Zähne, sie wäre ein rechtes Bespringinsfeld ... Meine Hand schäkert an ihr, ein kindliches Lächeln belebt ihre welken Züge ... bis sie mich gemessen entläßt, um Ordnung in ihre Geschäfte zu bringen.

Mademoiselle Macao ist die Hauptgouvernante meiner Julie; ihr glückverheißender Name wird zum Glück durch ihren Charakter nicht Lügen gestraft; dieses Mädchen, das in ihrer Jugend von Herren an Orten besucht wurde, wo alle gleich sind, hat Mitgefühl mit der Unschuld; sie selbst hat Julie die Anfangsgründe eines Fingerspiels beigebracht – eine durch die Griechen wiederbelebte Tändelei, die selbst den Französinnen von Nutzen ist.

Kurz und bündig lasse ich sie wissen, daß Julie dazu berufen ist, ihren Stand zu verändern, und beweise ihr durch eine schlüssige Argumentation, daß ich extra und eigens vom Himmel gefallen sei, um dieses große Werk anzugehen: Somit wird sie meine Vertraute, und ich trete bei Julie ein, die gerade Toilette macht.

Mein Gott, ich weiß nicht, wie mir wird, die Schüchternheit überkommt mich wieder ... Wie schön sie ist, mein Freund ... Langes blondes Haar, schön geschnittene dunkle Augen, Gesichtszüge, die ich weniger lieben würde, wenn sie regelmäßiger wären ... Wir bleiben allein. Ich fange damit an, daß ich vor ihr niederfalle und das Idol umarme ...

Julie macht sich frei, ihrer Schamhaftigkeit mißfällt zweifellos meine Zärtlichkeit; aber andererseits gefällt sie ihr auch. Nach einigem Geplänkel behaupte ich schließlich meinen Platz zu ihren Knien und genieße all die kleinen Diebstähle, die mir die Flüchtigkeit des Toilettenmachens beschert; ein derangierter Morgenrock enthüllt zwei bezaubernde Hemisphären, auf denen ich die Augen spazierenzuführen wage.

Unsere Tage verstreichen so einige Zeit in aller Unschuld. Bei Julie mache ich Fortschritte. Die Tante überhäuft mich mit Wohltaten: das heißt, ich verdiene sie mir natürlich auch. Schließlich begebe ich mich eines heiligen Samstags zum Essen zu ihnen.

Meine teure Tante teilt mir mit, daß sie gehalten ist auszugehen und nicht vor halb neun Uhr zurück sein wird, denn eine Wohltätigkeitsveranstaltung, eine Predigt, eine Almosenkollekte und dergleichen sind für sie unerläßliche Pflichten (anstandshalber stellt sie im Tempel des Dagon den Getreidescheffel auf). Ich fluche, ärgere mich ... Hat man sich doch auf einen glückseligen Tag gefreut ... So wird man grausam ausgenutzt. Die Gute tröstet mich liebevoll:

»Nun, mein Kleiner, ärgere dich nicht; ich richte es so ein, daß ich mit dir zu Abend esse, und dann ... na? Sag ja, du Schlingel! Aber ich will nicht, daß du weggehst, Julie wird hiersein und dir die Zeit mit Flötenspiel vertreiben ... Mademoiselle, ich hoffe, daß sich Monsieur nicht bei Ihnen langweilt!«

»Nein, Tante.« (Verlegenheit und Erröten.)

Ich runzele ärgerlich die Stirn; ich habe Geschäftliches zu tun ... Kurz, Mademoiselle Macao wird umgehend beauftragt, mich einzuschließen. Die Alte geht, und Julie und ich sind in dem hübschen Boudoir ganz allein.

Allmacht des Himmels! Von der das göttliche Feuer ausgeht, das uns über die Sterblichen erhebt, du erlebst mein Glück ... Neugierig, indiskreter Freund? Du möchtest also auch hinter die Geheimnisse der Paphos kommen? Nun gut! Lies es, verschling es und hol dir einen runter.

Alles begünstigte meine Begierde. Die Schönheit des Tages, dessen durch einen duftigen Schleier gemilderte Strahlen für uns alle Gegenstände in sanfteres Licht tauchten, der Einfluß des Frühlings, die Unschuld Julies, meine Erfahrung, ihr diese zu rauben, laszive Bilder, die ich ihr in noch lasziverer Manier ausmale; ihr zu Füßen hingehauchte Schwüre, die sie zärtlich annimmt ... Die Wollust erregt uns beide; ein gewisses Gefühl, das mich nie täuscht, verdoppelt meine Kühnheit; schon ist Julies Mund zur Beute des meinigen geworden, der sich auf den ihren preßt, ihre straffe Brust drängt gegen das Linnen, das ihn einzwängt ... Lästige Bänder, fort mit euch! Tränen rinnen aus ihren Augen, ich schlecke sie mit meinen Küssen auf, ihr Atem stockt, die Glut unserer Herzen drängt in unsere fieberheiße Brust, unsere Seelen fließen ineinander ... Ich werde zudringlicher, Julies Arme scheinen mich nurmehr abzuwehren, um mich um so intensiver an sich zu ziehen; schon verteidigt sie sich nicht mehr, ihre Augen schließen sich halb, ihre zitternden Augenlider kommen nur mühsam zur Ruhe ... Welche Schätze entdecke und durchforste ich da! Halt ein, Tollkühner! schreit die süße Julie ... Geliebter ... Gott ... ich ... ich sterbe ... Und das Wort erstirbt auf ihren Rosenlippen. Die Stunde der Cythere schlägt; die Liebe schleudert ihre Fackel in die Lüfte, ich schwebe auf ihren Schwingen, ich kämpfe, der Himmel bricht auf ... Ich habe gesiegt ... O Venus, bedecke uns mit dem Gürtel der Anmut!

Darf ich diese Seelenwollust beschreiben, wo die Seele erst ruhig ruht, bevor sie sich dann plötzlich urwüchsig aus uns ergießt? Nein, nein, solches Entzücken läßt sich nicht ausdrücken.

Julie ist weit davon entfernt, mir Vorwürfe zu machen; sie wollte mich zum Meister, sie sehnte sich nach dem Glück, sie will es noch einmal genießen ... Und was für ein Wunder! Unser Sofa lebt. Eine Vielzahl kunstvoll kombinierter Bewegungen läßt in der empfindsamen Julie noch tausendmal vielfältigere Gefühle – wenn das möglich ist – aufleben. Endlich halten wir ein, von der Lust und von Zärtlichkeiten erschöpft (und ich bringe auch den teuflischen Schnapphans zur Ruhe, der mir auf so wenig vorhersehbare Art seine Unterstützung gewährt hat). Ich kannte das Sofa nicht, und Julie schreibt den Genuß, den sie empfunden, allein mir zu ... Ich hüte mich, sie davon abzubringen.

Ich kann nicht länger bleiben; meine Kleidung ist völlig durcheinander; meine Alte würde da ein sattes Opfertier vor Augen haben.

Ohne mich in monotonen Details erschöpfen zu wollen – unser Verhältnis dauerte drei Monate. Julie liebte mich standhaft; der Tante wurde so der Kopf verdreht, daß sie ihre Geschäfte meinetwegen völlig durcheinanderbrachte. Ein Familienrat mischte sich ein und steckte Julie ins Kloster. Man entriß sie meiner Fürsorglichkeit, und da man vermutete, daß sie bei ihrer Tante gewisse Lektionen genommen haben könnte, verlangte man Erklärungen von mir, in die sich zweifellos auch das Gericht eingemischt hätte, wenn ich nicht eine Beschützerin in der Verwandtschaft selbst gehabt hätte. Frau Marquise Vitau-Conas, die eine Stellung bei Hofe hatte, legte die ganze Angelegenheit bei. Von meinem Arrangement mit ihr muß ich Ihnen erzählen.

Eine zärtliche Verpflichtung geht weiter, als man denkt. Ich hatte das Glück, daß sich Frau von Vitau-Conas für mich interessierte; sie bat mich, ihr die Einzelheiten meiner Affäre zu schildern. Treuherzig hechelte ich mein Abenteuer durch; sie war eine Frau, durfte sie denn allzu streng gegenüber einem Verbrechen sein, das im Grunde doch nichts anderes als eine Huldigung der Schönheit war? Sie liebte das

Vernügen, meine Doppel-Beschäftigung schien ihr ein Beweis meiner kostbaren Tüchtigkeit zu sein. ›Mein Gott‹, sagte sie zu mir, ›das hätte Sie ja umbringen können.‹ Bescheidenheit hat bei mir nie Konjunktur, und so antwortete ich schlichtweg, daß meine Gesundheit – weit davon entfernt, dadurch geschwächt zu werden – geradezu nach solch einer Tätigkeit, wenn auch vielleicht etwas weniger beansprucht, verlange. Da riß sie die Augen weit auf, ich blickte verwirrt, wir schauten einander an; sie war nicht unerfahren: ich war ihr gegenüber verpflichtet, und es war mir angenehm, mich revanchieren zu können, das heißt: wir verstanden uns recht gut.

Ihr Dienst hielt sie oft in Versailles fest; der meine, der um diese Zeit gerade begann, ließ mich nicht faul werden: bei Hofe ist man ja so träge! Der Mann der Marquise war bei seinem Regiment und hinterließ eine Leere bei ihr. Ich erbot mich, diese auszufüllen.

Die ersten Tage unserer Bekanntschaft schaute ich meist einige Augenblicke bei ihr vorbei, um das *Coucher* des Königs abzuwarten. Unter den Männern, die zum Kreis der Marquise gehörten, bemerkte ich einen großen, sehr hageren und sehr bleichen Malteserritter, der jedoch sehr vertraulich mit ihr tat. Der abfällige Ton der Marquise ihm gegenüber überzeugte mich, daß er mein Vorgänger war und im Begriff stand, verabschiedet zu werden. Um bei einem Hinauswurf behilflich zu sein, attakkierte ich ihn, spottete über ihn, er verteidigte sich schlecht. Ich ging, er folgte mir. Nach dem *Coucher* bat er mich, ihm zu dem Zimmer der Schweizer zu folgen, er müsse mir etwas anvertrauen. Die Nacht war schön, wir spazierten auf und ab; an einem verschwiegenen Ort angekommen, drückte er mir plötzlich den Degen in die Hand; ich ergreife ihn, hebe ihn hoch und werfe ihn mit der größten Kaltblütigkeit der Welt zwanzig Schritte von mir. Mein Mann ist verblüfft und wird wütend, ich lache nur. Dann sage ich zu ihm:

»Verehrter Chevalier, ich glaube, Ihre Motive zu durchschauen. Sie stehen sich gut mit der Marquise, sie weist Sie ab, Sie denken, ich bin Ihr Nachfolger, und Sie haben nicht unrecht. Sie wollen sich mit mir schlagen, und ich bin für diesen Freundschaftsbeweis empfänglich. Aber ich sage Ihnen freiheraus, daß ich mich erst dann schlagen werde, wenn ich überzeugt bin, daß die Marquise diese Mühe auch lohnt. Mein Ruf steht fest, man wird mich nicht verdächtigen. Nehmen wir uns etwas Zeit: Sie, um zu überlegen; ich, um mit ihr zu schlafen. Wenn es Ihnen dann Ihr Herz sagt, werden wir uns amüsieren ...«

Ich laufe, um seinen Degen wieder aufzuheben, überreiche ihm selbigen, wünsche ihm einen guten Abend und gehe schlafen.

Am anderen Morgen kommt der Chevalier zu mir, er sieht sein Unrecht ein, wir umarmen uns, und ich begebe mich danach zu der Marquise, die über das

Abenteuer in groben Zügen bereits informiert ist und mir deswegen keine Vorhaltungen macht, weil sie die Details natürlich nicht kennt.

Und so gingen die Tage dahin; die Marquise spielte die Kokette, schien meine Begierde etwas irritieren und mir eine veritable Liebe oktroyieren zu wollen. Wir befanden uns im Stadium der kleinen Reisen; wir sahen uns nur für Augenblicke, und diese waren für meine Pläne verlorene Zeit. All das langweilte mich; ich war untätig, ich drängte sie; ich erhielt für den nächsten Tag ein Rendezvous, und einige sehr deutliche Zeichen ihrerseits verkündeten mir, daß sie bereit sei, auf alles einzugehen, was ich wünschte. Ich traf zur angegebenen Zeit ein, der König war zur Jagd, alle Welt befand sich außerhalb, das Schloß wirkte verwaist. Doch die Gemächer der Marquise schienen recht bevölkert. Gewiß, wir waren nur zwei: doch die Begierde kam als Menge daher, die nach Genuß rief ... Bei Gott, ich weiß nicht, wo man eine bessere Gesellschaft finden kann.

Die Mittagsglut entflammte die Atmosphäre. Im Boudoir herrschte gedämpftes Licht: es roch nach Frische, nach Parfum, nach Luxus. Stellen Sie sich auf einem Polster eine große, wohlgestaltete Frau in offenherziger Toilette vor; einige galant geknüpfte Bänder halten als einziges den leichten Schleier, der sie einhüllt; ihr Busen ist schön, ihr Gesicht recht gewöhnlich, aber ihre Augen verraten, was sie wollen; sehr schöne Zähne, die Haare bewundernswert schwarz, all das lädt mich ein. Das Vorspiel beginnt, Schonung wäre Zeitverschwendung. Ich entledige sie und mich der hemmenden Hüllen. Mit zwei Handgriffen lege ich mir die Marquise zurecht; ich stürze mich auf sie ... Gott ...! *Die Woge, die mich trägt, flutet erschreckt zurück.*

»He, was hast du denn?«

»Was ich habe ... Vielleicht den Teufel im Leib ...«

Ich schlage das Kreuz und denke, daß sich Satan höchstselbst da niedergelassen hat.

»Aber was denn ... eine Illusion?«

»Verflixt, urteile doch selbst ...«

Ein männliches Glied von acht Zoll Länge reckt sich mir hochmütig entgegen und unterbindet jede Annäherung. Als ob es mich zu durchbohren gedenkt. Die Marquise ist mitnichten außer Fassung geraten, sondern lacht Tränen. Endlich sammle ich mich, untersuche das Ding und richte an den Scheinheiligen die Worte: ›Nun denn‹, sage ich zu ihm, ›eigentlich bin ich mit der Absicht gekommen, Ihrem Herrn Bruder zu opfern; aber, mein schöner Herr, jedem Tierchen sein Pläsierchen ...‹ Und so drehe ich mich um und präsentiere ihm ergebenst, was Berlin verehrt und Italien huldigt. Heiliger Gott im Himmel, in meinem ganzen Leben bin ich noch nicht so fein entwischt. Die Marquise zieht mich an sich ...

Währenddes vergeht mein Verblüffung, und nachdem ich meinen Tribut an Bewunderung dargebracht habe, lege ich mir Vit-au-Conas so zurecht, wie es uns beiden am bekömmlichsten ist. Die Marquise war gewandt, ohne zärtlich zu sein; ihr eignete ein kühnes Temperament, das sie mit sich riß; sie glaubte den Gegenstand, den sie in Armen hielt, zu lieben, und gestillte Empfindungen und befriedigte Begierden erschöpften ihr Herz. Zehn Jahre bei Hof formen wohl schon eine Frau; sie war intrigant, schlau, heuchlerisch; sie hatte alles in allem den Charakter ihres Standes. Auch im Genuß wägte sie ab, was ihr boshaftes und klatschsüchtiges Wesen für gut hielt. Und im übrigen zog sie derart dreist den Schleier von dem Kapitel der guten Sitten weg, daß mich ihre Schamlosigkeit hätte erröten lassen, falls ich noch hätte erröten können. Ich heuchelte Diskretion und Zurückhaltung.

»Geh«, sagte sie zu mir, »bist du aber ein Kind; ich habe das alles selbst durchgemacht. Als ich begann, in diesen Kreisen zu verkehren, empörte sich alles in mir. Ich kam gerade aus dem Kloster, ich war jung und recht hübsch; ich war schamhaft und ungewöhnlich linkisch. Die Frauen haben mich erzogen, und die Männer fanden mich so besser. Ich habe von allen Seiten gewonnen.«

Ich lebte bei ihr wie bei mir. Wir schliefen zusammen, und da sie mich mannesstramm genug fand, ließ sie mich nicht wieder los. Nur Geld floß keines, denn wie soll man von einer noch jungen und hübschen Frau, die bei Hofe verkehrt, Geld erwarten? Der Teufel sorgte schließlich dafür. Eines Tages, als wir uns im Sinnentaumel all den Verrücktheiten hingegeben hatten, die der gute Aretino in seinem so frommen Buch ausgemalt hat, bekam die Marquise plötzlich Lust auf meinen Allerwertesten. Meine Gefälligkeit und das Kompliment, das ich ihrem Angebinde gemacht hatte, bestärkten sie in ihrem Vorhaben. Mit ganzer Kraft wollte sie zur Ausführung schreiten ... Hast du, mein Freund, jemals einen Papagei seinen Schwanz gegen eine listige und tückische Katze verteidigen gesehen? Diesmal zappele ich wie ein Karpfen umher, bücke und hebe mich furzend ... Die Teufelin läßt sich das Heft nicht aus der Hand nehmen ... Ich spüre sie ... Ay, ay, ay

»Aber Madame, bei allen Heiligen, hier geht's um eine Jungfernschaft!«

»Nun gut, ich bezahl' sie dir mit hundert Louis.«

»O nein, bei allen Teufeln, zweihundert.«

Und da, Herrgott im Pimmel ... (ich sterbe vor Scham) ... werde ich defloriert.

Nach dieser Glanzleistung wendet sich die Marquise mir mit dem Zitat zu:

Rodrigo, wer hätte das gedacht!

Und ich antworte, indem ich die Hand auf den armen Geschändeten lege:

Ximena, wer hätte das vorausgesagt?

Ihre Küsse, ihre Liebkosungen, ihre Verrücktheit, der Triumph schließlich, den soeben errungen zu haben sie sich schmeichelt, machen sie so ausgelassen, daß ich nicht widerstehen kann.

»Du Luder«, sage ich zu ihr, »du hast mir übel mitgespielt, aber ich verzeihe dir.«

Wir besiegeln die Versöhnung dergestalt, daß nicht die kleinste Ranküne mehr bleibt.

Der gute König Dagobert allerdings mag wohl recht gehabt haben, als er einst meinte, es gäbe keine noch so gute Gesellschaft, die man schließlich nicht doch verlassen müsse. Mein Verhältnis mit der Vit-au-Conas dauerte nun schon fast sechs verhängnisvolle Wochen; übrigens habe ich von ihrem bizarren Geschmack profitiert: ich kostete sie eine Stange Geldes.

»Mein Lieber«, sagt sie eines Tages zu mir, »ich glaube, wir lieben uns nicht mehr. Doch bist du mir stets angenehm, ich will dich als intime Bekanntschaft behalten. Allerdings – nehmen wir uns vor dem Überdruß in acht! Es soll dir nicht an Frauen fehlen; du bist jung, ich will nicht, daß du ausschließlich mit mir deine kostbare Zeit vergeudest, aber ich möchte dich führen. Nun, ich sage dir freiheraus: die Frauen bei Hofe – mit mir angefangen – sind über alle Maßen gefährlich, es mangelt ihnen an nichts, um zu gefallen; und die Männer mögen an uns sowohl die gesellschaftliche Kumpanei wie auch das Laster. Ein gemeinsam gefröntes Laster, das zwischen beiden Geschlechtern gehegt und gepflegt wird und deren bis zur Unendlichkeit variierte

Spielarten fast immer die Heimtücke zur Grundlage und zum Motiv, ja gar zum Ziele haben! Wir sind kokett im Ton, sittenlos von Charakters wegen, Genuß schlägt uns in seinen Bann, aber wir genießen nurmehr aus Gewohnheit. Ein neuer Liebhaber kann gewiß sein, uns zu gefallen; das geht so weit, daß ich sogar meinen Gatten bei seiner Heimkehr im Winter mit unglaublicher Lust empfange und ihn vierundzwanzig Stunden mit leidenschaftlichen Zärtlichkeiten überschütte. Ist die Illusion vorbei, fällt der Vorhang, ich erkenne ihn, ich erkenne mich selbst, und wir verlassen einander.

Gefühl wird bei uns als Trugbild angesehen; wir reden darüber emphatisch, geistvoll, ja sogar raffiniert – aber genaugenommen nur deswegen, weil wir es nie verspürt haben. Du wirst bei uns durch deine Gefälligkeit, deine Kraft, vor allem jedoch durch deine Erfahrung in der Kunstfertigkeit, Wollust zu verschaffen, Erfolg haben. Ich kenne zwanzig Frauen, die sich deinetwegen ruinieren würden; du wirst Leidenschaften bei ihnen wecken – zumindest das wiederbeleben, was davon noch bei ihnen vorhanden ist.

Aber, mein Freund, hüte dich vor gewissen Unannehmlichkeiten. Weniger ehrenhaft als die Straßenhuren, geben wir ohne jedes Feingefühl wieder, was man uns mitgeteilt hat, und oft bereuen wir nicht einmal, was wir so leichtfertig ausgeplaudert haben. Um diesen Abgründen auszuweichen – die durch die sie verhüllenden *Blumen* ja noch viel gefährlicher werden –, laß ab von deiner Schüchternheit, deinem Zartgefühl; sie würden dich nur verderben und bei unsereins lächerlich machen.

Takt ist Grimasse, Anstand Heuchelei, Vorzüge werden ins Gegenteil verkehrt, die Tugend kleidet sich in den Farben des Lasters; aber Mode und Anmut verschönern ja alles, Geist wird nur an dem Jargon gemessen, mit dem er sich ausdrückt. Kurz, von uns allein hängt das Glück ab, und wir sind genauso blind wie dasselbe, weil ein Dummkopf des Nachts oft eine wichtige Meinung vorzubringen vermag.

Sei also forsch in deinem äußeren Wesen, sogar impertinent beim Techtelmechtel; prahle mit deinen Eroberungen, sei nur hübsch schweigsam im Falle eines Mißerfolgs; den einzigen Mangel an Respekt, den wir nie verzeihen, ist ein Fehler in der Orthographie. Aber ändere den Ton in der Öffentlichkeit, mache unablässig den Hof, verschwende ruhig Lob und Schmeicheleien; es ist nicht Diskretion, die man von dir erwartet. Mein Freund, wir fürchten nicht die Enthüllungen unserer Geheimnisse, denn die sind nur zu unserem Vorteil ...«

Die Marquise hielt inne. Ihr Sofa stand nicht weit entfernt, wir machten uns daran, einen sehr aufwendigen Abschied zu feiern, und ich erhielt beim Aufbruch die Erlaubnis, von Zeit zu Zeit unsere Bekanntschaft zu erneuern ... Außer dem Umstand, noch gepfählt zu werden.

LUD.XVI.D
Ma conversion ou

Nunmehr war ich also frei; ich verkehrte in den verschiedenen Hofgesellschaften und warf auf die sie bildenden Frauen neugierige und durchdringende Blicke. Mehr oder weniger machte ich von den Vorhaltungen der Marquise Gebrauch. Es war die Ballsaison, aber obwohl ich den Tanz leidenschaftlich liebe, hatte ich keine roten Absätze, da sie mir aus höherer Gewalt vorenthalten wurden; ich entschädigte mich durch Beobachten. Ich hatte die Erlaubnis erhalten, mich einer Prinzessin widmen zu dürfen, die voller Esprit einen geistvollen Ton mit einem empfindsamen Herz vereinte. Ich hielt sie für fähig, dauerhafte Zuneigung einzuflößen; und zu klug, um sich das anmerken zu lassen. Sich in ihrem Alter binden, mit all den Mitteln, Gefallen zu erregen ...! He, was sagt Gott Amor? Hat er ihr seine Pfeile anvertraut, um sie nutzlos herumliegen zu lassen wie Nadeln auf dem Kissen ihres Toilettentisches oder um sie auf ein einziges Herz abzuschießen? Ich befragte mein Zauberbuch und erfuhr, daß man nicht mehr Großzügigkeit, Talent und Gewandtheit fände als bei ihr. Darüber hinaus erfuhr ich von meinem exzellenten Wahrsager, daß ihre Grundsätze ihrem Vergnügen nicht im Wege ständen, und ich glaubte zu spüren, daß ein wenig Zwang den Preis noch in die Höhe treiben könnte.

»Aber wer ist sie denn?«

»Oh, Sie fragen zuviel, gehen Sie doch ins Theater, wenn man *Die Gouvernante* spielt, Sie werden sie eine Rolle ausfüllen sehen, die ihrem Herzen entspricht und die Beifall verdient.«

Einer Gruppe von Männern zugesellt, verspritzen wir unsere Kritik über die Tanzenden.

»He, mein Gott! Wer ist denn diese kleine Person, die so ausgelassen herumspringt? Ihr Haar ist völlig zerzaust, ihr Reifrock schlappt auf einer Seite, ihre ganze Kleidung ist in Unordnung ... Dadurch wird sie, bei Gott, eher noch hübscher; ihre Züge sind vital, ihre Bewegung stürmisch, alles an ihr lebt.«

»Das ist die Herzogin von +++«, gibt mir der Graf von Rhedon zur Antwort. »Sie kennen sie nicht? Ich werde Sie ihr vorstellen. Sie mag die Musik, Sie werden ihr gefallen.«

Am nächsten Tag nehme ich den Grafen beim Wort, und wir brechen auf.

Um sechs Uhr abends war die Herzogin noch im Morgenrock; ihr volles schwarzes Haar quoll unter einer Badehaube hervor, die sie verkehrt herum aufgesetzt hatte. Den Grafen umarmen, mich begrüßen und gleichsam zwanzig Fragen stellen, den Pas de deux aus »Roland« wiederholen – all das geschah bei ihr im gleichen Augenblick. Bei den ersten Tanzschritten blieb ich noch reserviert, doch die hingebungsvolle Art, die sie wie Guimard ausführt, machen mich empfänglicher ... (Ach, mein Freund, was gibt es Hübscheres als einen Pas de deux, wenn er einem dabei steht.) Der Graf applaudiert bei jeder Unterbrechung; sie schreit, daß ich weiß Gott wie

Vestris tanze und einen Fuß wie d'Auberval hätte; nimmt mir das Versprechen ab, wiederzukommen und mit ihr zu üben, und überläßt mir freie Hand wegen der Zeit; dann klingelt sie ihrer Kammerfrau. Der Graf verabschiedet sich, ich bleibe. Ihre Frisur ist zum Totlachen; sie bittet mich um Rat; ich richte ihr das Haar und gebe ihr einen etwas grenadierhaften Schliff, den sie einzig findet. Sie kleidet sich an zum Ausgehen; ich gebe ihr die Hand und ziehe mich zurück.

Donnerwetter, denke ich, die hat gar keine Zeit dazu, boshaft zu sein; ich gehe schlafen; ihre schelmische Miene verfolgt mich die ganze Nacht über. Begeistert stehe ich früh auf und renne um zehn Uhr morgens zur Herzogin. Sie verläßt soeben frisch wie eine Rose das Bad. Ein langer Überrock hüllt sie von Kopf bis Fuß ein; man serviert Schokolade, ich bin damit von oben bis unten bekleckert; sie springt an ihr Klavier: ihre hübschen Hände sind ungemein flink; sie hat Geschmack, ein zartes Stimmchen, wohlklingendes Timbre; aber Seele ... geschenkt. Ich bemerke jedoch, daß sie empfänglich ist. Wir beginnen ein Duo; ich drücke sie an mich; wider ihren Willen erweiche ich sie; sie verliert den Kopf, ihr Herz bebt, ich entlocke ihr einen Seufzer; ihre Stimme bricht, ihre Hand hält inne, ihr Busen wogt, mein heißer Blick folgt all ihren Bewegungen ... Verdammt! Alles zum Teufel! Sie schlägt das Klavier zu, schlägt mich, bittet mich um Verzeihung, tanzt ein paar Schritte, wirft sich schmollend auf ihr Sofa, springt mit unbändigem Gelächter wieder auf.

Zum Glück erscheint Gardel, wir tanzen, und ich bemerke erleichtert, daß sie Spaß daran hat: sie lobt mich über alle Maßen. Gardel wagt nicht zu widersprechen; bevor ich weggehe, bittet sie mich um Entschuldigung, besteht hartnäckig darauf und fleht mich an, ihr eine Strafe aufzuerlegen. Zum Henker, schau dir bloß diese scheinheilige Miene an; ich ergreife ihre Hand und bedecke sie mit Küssen; mit der anderen gibt sie mir eine Ohrfeige, die ein augenblicklich darauf gedrückter Kuß wiedergutmacht.

Am nächsten Tag eile ich auf den Schwingen der Begierde zu ihr. Sie hat mich um einige neue Arien gebeten, die ich ihr nun bringe. Sie ist im Bett, eine Kammerfrau zieht den Vorhang zurück, ich tauche auf; ein Sessel neben dem Bett lädt mich ein, Platz zu nehmen ... Ich ziehe es jedoch vor, mich an einen Pfosten des Bettes zu lehnen, der mir als Stütze dient.

Wo bist du, göttlicher Carraci? Leihe mir deine Farben, um dieses Kind zu zeichnen!

Eine ländliche Nachthaube bedeckt ihren Kopf zur Hälfte; die Gesichtszüge sind nicht regelmäßig; sie hat wunderbare dunkle Augen, den hübschesten Mund, ein Stupsnäschen, eine zu niedrige Stirn, aber köstliche Augenbrauen; zwei oder drei schwarze Male sind der Modetorheit geschuldet;

ihre Haut ist weniger weiß als belebt, aber selbst das reinste Karmin ist nichts zu dem Glanz ihrer Wangen und Lippen.

Nach einigen beiderseitigen Schäkereien zeige ich ihr meine Musikstücke, sie bittet mich zu singen ... Ich lege all meine Gefühle in meine Stimme, als mir plötzlich ein verrutschtes Bettuch eine Brust, schwanenweiß und himbeerrosa, enthüllt ... *Die Kadenz zittert* ... Ich fahre fort. Bald ist es ein liebesschmachtender Arm, bald ein wohlgeformter Schenkel, bald ein gerades Bein, ein charmanter Fuß, der sich nach und nach aus den Bettüchern schält und meine Sinne betört ... Ich zittere, ich weiß nicht mehr, was ich eigentlich singe ... Na los doch, sagt die Herzogin mit einer Kaltblütigkeit, deren ich sie nicht für fähig hielt. Ich beginne erneut, und die Bettdecke wandert wieder über ihren Leib; mein Blut kocht, meine Nerven sind zum Zerreißen gespannt; ich bebe, mein Gesicht ist schweißnaß; die Boshafte, die mich beobachtet, lächelt und seufzt mitunter ... ein letztes Füßestrampeln deckt sie vollkommen auf. Teufel auch, meine Augen sprühen Feuer, ich werfe die Noten in die Ecke, reiße die Knöpfe ab, die mich behindern, und stürze mich in ihre Arme; ich schreie, ich beiße, sie vergilt es mir, weiß Gott, und ich lasse erst von ihr ab, als vier Sturmangriffe vorüber.

Die Herzogin war wie leblos, was mich beunruhigte; ich wandte ein Mittel an, das mich noch nie im Stich gelassen hatte; ich habe eine unglaublich bewegliche Zunge, und so presse ich meinen Mund auf die Rosenknospe, die den Abschluß der niedlichen Halbkugel bildet. Ein fast augenblicklich spürbares Beben beruhigt mich über ihren Zustand ...

»Gott, o Gott, Liebster«, sagt sie und fällt mir um den Hals, »du hast es gefunden.«

»Was denn?« frage ich sie überrascht.

»Nun, eine Heißblütigkeit, von deren Nichtvorhandensein man mich immer überzeugen wollte ...«

Und Küsse als Eröffnung des Spiels; und meine Kleidung, die überall auf dem Fußboden herumliegt. Endlich befanden wir uns, wie die lächerliche Präziöse sagt, *einer vis-à-vis dem anderen*, und ich schwöre Ihnen, meine kleine Herzogin war nicht bis zu diesem Punkte prüde, daß sie sich vor einem völlig nackten Mann fürchtete. Sie hatte Bedenken, ich mußte sie ihr austreiben. Jede neue Situation enthüllte mir neue Reize. Sie hatte einen wunderbaren Körper! Fleischig, ohne dick zu sein, schlank ohne Magerkeit, eine Geschmeidigkeit der Hüften, die nur Betätigung erheischten ... Meiner Treu, ich habe es ihr auf mannigfaltige Weise gegeben.

Ich rode gern den Brunstbusch. Aber da der liebe Gott nicht gewollt hat, daß wir die ewige Bewegung in uns selbst finden, mußten wir auch einmal aufhören, denn *dieses Spiel ermüdet mehr, als daß es langweilt.* Nun, meine Herzogin sprach davon auch nur in einer einzigen Tonart, und da ich ihre Glut gelöscht hatte, war sie nun nichts weiter als ein kleines, sehr banales und langweiliges Wesen. Wie liebe ich es, wenn aus einem schönen Mund jene entzükkenden Nichtigkeiten perlen, die eine von Wollust berauschte Frau so köstlich macht! Wenn ein wohlangebrachtes Wort den Wert einer Liebkosung hebt und sie noch aufreizender macht! Achten Sie auf die Präludien des Genusses und die magischen Worte, die der Ekstase entspringen und sie oftmals noch vertiefen ... *die Langeweile gähnt mit uns auf dem Busen unserer Schönen:* Liebe auf der Flucht, der Schwarm unserer Lust verflüchtigt sich, und man sinkt in Schlummer, um ihn nie wieder zu erwecken.

Dieses allmähliche Erkalten spürte ich auch bei der Herzogin in den nächsten vierzehn Tagen: unser Beginn war oftmals zu stürmisch, und die Übersättigung hatte Überdruß zur Folge. An diesem Punkte war ich angelangt, als man mir eines Abends beim Nachhausekommen eine Schmuckschatulle mit folgendem kleinen Briefchen überreichte: *Eine Laune hat mich Ihre Geliebte werden lassen, eine Laune hat alles geändert; aber ich empfinde Ihnen gegenüber nur Dankbarkeit: ich bitte Sie, diesen Schmuck aufzubewahren, er wird Ihnen das Bild einer Frau vor Augen halten, die Ihnen liebenswert zu sein schien und die sich vorwirft, nicht länger Ihr Glück gewesen zu sein.*

Ich sah sofort, von welcher Hand das Briefchen

stammte: die Herzogin war nicht fähig, es diktiert zu haben. Ich antwortete folgendermaßen: *Ihre Güte, Madame, hat ein Anrecht darauf, mich zu rühren, da Ihr Herz es für würdig erachtet, meinen geringen Wert zu würdigen. Ich habe in unserer Liaison ein Betragen an den Tag gelegt, dessen Energie Ihnen zu gefallen schien; ich empfinde darüber weder Verdruß noch Wut. Es reicht mir, die Ehre des Triumphes genossen, ohne dabei das Gefühl der Niederlage geschmeckt zu haben: seit acht Tagen erwarte ich Ihre Befehle, und der Beweis meines Respektes ist, Ihnen nicht zuvorgekommen zu sein. Ihr Bild wird für mich der Ausdruck der Wertschätzung sein, die Sie meinen Talenten beimaßen. Könnte doch, Madame, der glückliche Sterbliche, der mich ersetzt, Sie noch glücklicher machen! Sie würden mir beide eine süße Verpflichtung auferlegen: Sie in die Lage versetzt zu haben, all Ihren Wert zu spüren.*

Mein Nachfolger, ein Mann von Geist, konnte sich gleich mir nur wenige Tage behaupten. Sie hat ihn durch *einen Prinzen* ersetzt; und was das Moralische betrifft, so verstanden sie sich darin wirklich. Für das Physische hatte sie ihre Lakaien – das ist das tägliche Brot einer Herzogin.

Als ich mein Briefchen verfaßt hatte, öffnete ich die Schatulle; sie enthielt sehr schöne Diamanten und das Porträt der Herzogin im Bade: die Ähnlichkeit war frappierend; unwillkürlich hob ich es an meine

Lippen. Sollte ich meine Schwäche eingestehen? Ich würde noch einmal diesem niedlichen Automaten opfern, damit meine Laune zugleich mit dem Gelage, das ich ihr zu Ehren veranstalten werde, schwände.

Ich begab mich zu Madame Vit-au-Conas; wir hatten ja eine bequeme Freundschaft miteinander vereinbart. Oh, wie diese Frau bei genauerer Betrachtung gewinnt! Wirklich, die Art und Weise, wie sie mich empfing (der Empfang dauerte volle zwei Stunden), ließ mich vermuten, sie kenne mich gar nicht mehr. Als sie in der Lage war zuzuhören, schilderte ich ihr mein Abenteuer; Graf von Rhedon hatte ihr schon davon erzählt; die Katastrophe gefiel ihr, ja erheiterte sie; als wir mittendrin waren in der Skandalchronik, meldete man Madame Sambreval und eine andere Dame, der mich vorzustellen ich versäumt hatte. Das verdroß diese sehr, ich wollte es mit gespieltem Interesse wiedergutmachen und bat nur der Form halber darum, ihr meine Aufwartung machen zu dürfen, worauf die Eintracht wieder hergestellt war.

Als der Besuch gegangen war, sagte meine liebe Vit-au-Conas zu mir:

»Mein Freund, ich werde dich wohl vollends verlieren: die da hat ein Auge auf dich geworfen. Für dich allerdings ist das eine goldene Henne: benimm dich anständig ... Stoß sie hier ein bißchen und stoß sie da ein bißchen ...«

»Ah, Madame, Sie wissen, wie ich stoße, Sie sind mein Zeuge.« (Sie können sich die Geste denken, die ich machte.) Sie nahm es wörtlich, und es kam zur schönsten Zeugeneinvernahme. Dann trennten wir uns; meine liebe Marquise wünschte mir viel Glück, und ich eilte, um mich für das Bevorstehende vorzubereiten.

Glänzend wie ein Pokal, geschniegelt, gestriegelt und parfümiert begebe ich mich zu Madame +++. Die Gesellschaft ist zahlreich. Nach den ersten Komplimenten bin ich in einer Minute über die Ansammlung im Bilde: acht oder zehn Gecken, die auf ihren roten Absätzen um die Hausherrin herumscharwenzeln und um jeden Blick von ihr buhlen; sie beehren mit ihrem affigen Gebaren, ihren abgestandenen Anspielungen und den erbärmlichen Zoten ein Dutzend Weiber mit frechem Benehmen, schamlosen Redensarten und, soviel ich mitkriege, nicht minder dreistem Verhalten. Mein Informant ist ein *Monseigneur*, dem ein gutes Bistum und zwei Abteien, die er für hunderttausend Francs verpachtet hat, gestatten, den öffentlichen Mädchen der Hauptstadt und den wohlfeilen Damen bei Hofe – was auf dasselbe hinausläuft – Tugend zu predigen.

»Sehen Sie«, sagt er zu mir, »diese dicke Baronesse. Ihr Gesicht glüht, ihre großen, runden Augen sind von schwarzen, dicken harten Augenbrauen eingerahmt ... Gerechter Gott, ist das ein Weib! Kutscher, Lakaien, sie verschlingt alles. Ohne eine schlechte Herrin zu sein, wechselt sie sie oft aus;

aber sie sorgt für ihr Wohlergehen. In der vergangenen Woche hat sie zwei im Invalidenhaus untergebracht; wenn sie niemanden findet, treibt sie's sogar mit ihrem Gatten; sie hat den armen Teufel aber zuschanden geritten, er ist gelähmt; im Augenblick, da ich Ihnen von ihm erzähle, befindet er sich im Hospital für hoffnungslose Fälle.«

»Wer ist denn diese große Strohblonde?«

»Was! Sie kennen die Gräfin Kattunbesen nicht?«

»Nein, aber sie schwenkt ja ihr Gestell abscheulich.«

»Na, jetzt spielt sie das Zierpüppchen, aber zum Teufel« (es ist der Geistliche, der flucht, beachten Sie das), »ein Narr, wer das für bare Münze nimmt! Vor sechs Monaten hat sie mir den Tripper verpaßt ... Mir brennt die Rute jetzt noch.«

»Nun, Monseigneur, so ist das, wenn man aus seinem Kondominium herauskommt ... Wer ist diejenige, die ihr was ins Ohr flüstert?«

»Die Leg-mich-lang, die Herbergsmutter der königlichen Garde. Sie ist Herbergsmutter geworden und schenkt vorwiegend venerische Getränke aus.«

Ich wollte gern noch mehr erfahren, doch da richtete jemand das Wort an Monseigneur, das Gespräch wurde allgemein, und unsere aparte Unterhaltung war zu Ende.

Einer von den hübschen Individuen mit den Puppengesichtern, der Fistelstimme und näselnder Aussprache führte das große Wort, urteilte, entschied, vernichtete. Man war beim Theater. Autoren wurden niedergemacht, verhöhnt oder in einer Weise gelobt, die ihnen sicherlich wenig behagt hätte.

Schließlich kam man auf die Musik zu sprechen. Madame +++ richtete das Wort an mich:

»Mein Herr, das ist doch Ihr Ressort? Ich weiß, daß Sie ein Musikliebhaber sind.«

»Ich bin durchaus kein Musiker, Madame, mein einziges Verdienst besteht darin, gut zuzuhören.«

»Parbleu, mein Teuerster!« ruft da der Marquis von Geckenstolz. »Wenn es so ist, so hören Sie gut zu, dann werden Sie meiner Meinung sein ... Ich bin für die Musik geboren, ich habe ein Taktgefühl, das mich noch nie im Stich gelassen hat, und ich bilde mir mitnichten auf solch eine Wohltat der Natur etwas ein. Wer hat sich schon je seiner Ohren gerühmt?« (In dieser Hinsicht war wohl der Marquis zu bescheiden ...) »Jedenfalls mag ich diesen Gluck nicht; er hat nichts Heiteres, nicht einmal eine armselige Arie, bei der man frohgemut seinen Champagner schlürfen könnte. Man muß diesen Mann völlig auseinanderkomponieren, um zwei oder drei Phrasen zu finden, die ein Rondo ergeben. Ihr Piccini hat keine Ahnung von Harmonie, und ohne die Ballettmelodie, zu der Guimard tanzt, hätte ich seinen *Roland* ausgepfiffen.«

»Sie mögen demnach wohl auch die Ouvertüre zu *Iphigenie* nicht?«

»Hah, mein Lieber, nein, um Gottes willen nein, da kriegt man ja eine Gänsehaut. Ja, wenn Sie den *Deserteur* meinten, das nenne ich eine Ouvertüre, das singt sich so wie ein Gassenhauer. Le Floquet setzt einem eine Oper vor, ich gehe für ihn durch dick und dünn, und, meiner Treu, ich kann nicht begreifen, was da das Parterre zu pfeifen hat, wenn ich lauthals applaudiere. Seine Bässe machen immer einen zweiten Diskant, stimmt, die Geigen genauso, aber das verstärkt die Harmonie ... Diese Trampel von Ballettänzern behaupten, daß man seine Ballettmelodien nicht tanzen könne; aber sollen sie doch ein wenig hüpfen.«

»Sie möchten sie vielleicht ein wenig schlichter, sinnlicher.«

»Ja, langweiliger ... Ich schwärme nur für das *allegro*.«

»Oh, mein Herr Marquis, das ermüdet aber rasch.«

Ein Lächeln von Madame +++ und eine gewisse Verlegenheit des Marquis bewiesen mir, daß es wohl für sie beide gut wäre, sich ein wenig auszuruhen. Die Anordnung der Spielpartien beendete die Unterhaltung. Ich zog mich noch vor dem Essen zurück. Aber Madame +++ fand für einen Augenblick Zeit, um mir für den nächsten Tag ein Rendezvous in ihrem Ankleidezimmer zu gewähren.

Ich habe vergessen, Ihnen ihre Figur vorzustellen. Madame +++ ist achtunddreißig, die sie nicht verheimlicht. Sie hat eine ausnehmend feine, recht weiße und gleichmäßig glatte Haut; das Oval ihres Gesichts wäre runder, wenn sie fülliger wäre; ihre schönen Augen verraten ohne Geziere, was sie mag; ihr Mund ist wohlgeformt, sie ist groß, aber ihre Taille ist nicht ausgeprägt genug; ihre Brust ist stark geschnürt und klein wie bei einer schwangeren Frau, das heißt, etwas tiefliegend, aber fest und vor allem von einer Empfindlichkeit, die sie beben läßt; Arm und Hand sind zu mager, das Bein wohlgeformt, der Fuß charmant. Ihre Rede in der Öffentlichkeit ist knapp, hastig und ein wenig anmaßend ... Der König hat gesagt ... Diese Neuigkeit stammt von Madame ... Die Minister sind ihre Freunde. Sie erteilt ihnen manchmal Lektionen und immer Ratschläge. Erzählen Sie ihr eine Affäre? Sie kennt die Hintergründe. Eine Hochzeit wird ausgerichtet? Ihr wurde die Gattin vorgestellt, die nun unter ihrem Schutz steht. Sie weiß alles, hat überall Zugang, hat alles gesehen, alles geahnt; sie nutzt ihre Gunst aus, bietet ihre Protektion an, erteilt Audienzen, verfügt über einen Sekretär, Büros, einen Taxator, einen Schatzmeister und Beamte.«

»Teufel auch, du wirst dein Glück mit dem Weibchen machen. Dich erwarten Güter, bald wirst du selbst welche verteilen.«

»Ich wette, daß du mich noch um *die Ehre meiner Protektion* bitten wirst ... Auf die Knie, Satansbraten, und sputen wir uns. Ich will von meinem

Amte Besitz ergreifen und biete dir mein Überleben an ...«

Ich komme bei Madame +++ an, man empfängt mich wie jemand, der erwartet wird. Die Zeit des Toilettemachens vergeht meinerseits mit Geschäker, ihrerseits mit Widerstand; ich verdrehe den Kammerzofen den Kopf, indem ich vorgebe, sie streng zu kontrollieren. Sie müssen schließlich lachen, und auch bei ihrer Herrin verschwindet das Ernste.

Endlich sind wir allein ... Verflixt, ich glaube, die Schüchternheit will mich wieder übermannen ... Ein Sofa nimmt Madame +++ auf, ich lasse mich zu ihren Füßen nieder (ich entwickle eine große Zärtlichkeit für Sofas).

»In Wahrheit«, sagt sie zu mir, »begehe ich einen außergewöhnlichen Schritt.«

»Für mich ist das die natürlichste Sache der Welt.«

»Ich glaubte mich bereits vor gewissen Schwächen geschützt, und dann die Stellung, die ich einnehme ...«

»Die ist für gewisse Arrangements in Wirklichkeit sehr günstig, Madame ...«

»Aber was stellst du dir denn vor?«

»Ich bete Sie an, und es ist mir Glück genug, daß ich Ihnen nicht mißfalle.«

»Ich habe ein Auge auf Sie, mein Lieber.«

»Mein Glück wird sein, Sie mit Glück zu erfüllen.«

»Sie haben Geist, Kühnheit.«

»Ah, Madame, kann es einem neben Ihnen etwa daran mangeln? Sie elektrisieren die Natur ...« (Sie elektrisiert sich, unter uns, zunächst selbst; ihre Stirn rötet sich, ihre Augen funkeln, ihre Hände zittern ... Amor! Amor, tauchst du jetzt auf, du Bengel!)

»Sie haben einen hübschen Anzug an.«

»Mir schien, diese Farbe sagt Ihnen zu; ich trage ihn schon seit langem ... Guter Gott! Diese Bänder da bei Ihnen sind ja ganz neu.« (So werden Schnürleibchen gestürmt.)

»Was machen Sie? Was machen Sie denn da? Was sollen denn meine Kammerzofen denken?«

»Ach, Madame, wir verlieren nur Zeit ... Zeit, die wir besser nutzen könnten.«

»Mein Gott! Wenn jemand hereinkommt.«

»Um so schlimmer für die Neugierigen!« (Und Hände, die umherstreifen, und ein Mund, der sich auf einen Busen preßt, der unter den Zungenschlägen bebt.)

»Ach ... ach ...«, macht sie und ändert die Tonart, »du kleiner Dämon, du hast mich besiegt ...«

Die großen Redensarten sind passé, mein Pegasus abgesattelt, die Stadt übergeben, meine Allerwerteste niedergerüsselt. Doch ich konzentriere mich auf die zweite Nummer. Ich presse, ich stoße, ich schiebe; potztausend, sie hat sich wie eine Schlange um mich geringelt. Keine Linie geht verloren ...

»Ah ...! Ach ...! Mein Freund, der ... ah ... der Herzog macht es nicht besser als du ... Der Prinz hätte hier schon aufgegeben ... Der Botschafter hat es nie soweit geschafft ...« (Der Teufel soll sie holen, will sie mir vielleicht den ganzen Hof aufzählen.)

Als wir uns schließlich überzeugen, daß uns nichts mehr zu tun übrigbleibt, erneuern wir die Konversation. Madame +++ gibt die würdevolle Miene, die ich sonst an ihr kenne, ganz auf ... Ich bin ein glücklicher Liebhaber, und sie gewährt mir all dessen Vergünstigungen.

Da ich ihr viel besser meine Aufwartung machen konnte, wenn ich ihr Vertrauen besaß, brachte ich sie zum Reden. Ich hatte übrigens ein besonderes Interesse, hinter ihre Geheimnisse, ihre Schliche, ihre Tricks zu kommen: keinen Augenblick verlor ich mein hauptsächliches Interesse aus den Augen – mein liebes Geld! Meine Bekanntschaften sollten mir die Manöver beibringen, aus denen ich Vorteil ziehen konnte. Der erste Anflug von Genuß, der, soviel ich meinerseits weiß, ungestüm und wohlig empfunden wird, hatte meine Angebetete in einen Rausch versetzt. Aber Frauen, die von Ambitionen gebeutelt werden, sind für das Vergnügen unempfänglich; Eitelkeit und Intrigen saugen alle Eigenschaften bei ihnen auf. Stets dem Neid, dem Haß, dem Gift der einen wie den Dolchstößen der anderen ausgesetzt, schieben sie die Liebe beiseite. Ich hätte also nur einen kalten, gefühllosen Genuß zu erwarten; ich durfte mir nicht schmeicheln, sie durch Sinnlichkeit zu fesseln – wohl aber durch Vorsätze; ich wußte um ihren Dünkel, ihre Selbstüberschätzung, ihre grenzenlose Eitelkeit, die konsequenterweise zu mangelnder Phantasie, zur Kurzsichtigkeit, zu keinem festen Vorsatz führte ... Meine Vorsätze bestanden darin, sie zu unterwerfen, zu beherrschen; sie sollten nur meinem Glück dienen, wenn sie zu nichts taugten, würde ich sie im Stich lassen.

Vierzehn Tage Gewohnheit genügten, daß ich am Ziel war. Ich verstand Madame +++ für meine Pläne zu gewinnen; sie griff meine Ideen auf, wobei sie glaubte, nur ihren eigenen zu folgen; ich hielt ihr Geheimnis in meinen Händen, ohne daß sie über meines verfügt hätte. Das war jedoch nicht alles, sie machte Geschäfte: ich mußte nur den Herrn spielen ... Ich brauchte nur zu wollen ... Alles wurde mir übertragen. Von da ab wurde ich der unumschränkte Prüfer aller Verträge. Ich korrigierte den Tarif (nicht um, wie Sie vielleicht denken mögen, ihn zu verringern), mein Honorar wurde nie vergessen, und außerdem teilte meine Herrin mit mir, was mein recht bequemes Gewissen ihr zurückzuerstatten sich verpflichtet hatte.

Zu klug, um an die Öffentlichkeit zu treten, hatte ich vorausgesehen, daß alles einmal schlecht ausgehen würde; daß Madame +++ für ihren Machtmißbrauch würde bezahlen müssen; daran wollte ich keine Aktie haben. Handeln und nicht in Erscheinung treten, das ist die Gewandtheit geschickter Menschen. Bevor ich Ihnen die Katastrophe schildere, schulde ich Ihnen noch zwei oder drei Abenteuer, die es wert sind, aus der Fülle dessen, was sich unter meinen Augen abspielte, hervorgehoben zu werden.

Der Abbé Ricaneau, überall bestens bekannt, suchte schon seit langem nach einer einträglichen Pfründe. Die seine war indes gut; doch der gute Abbé, mit einer zeugungsfähigen Tugend gesegnet, fabrizierte regelmäßig vier Kinder im Jahr, für die er aus Pflichtgefühl Alimente zahlte, bevor er damit die Sammlung des Findelhauses belastete. Wir luden ihn in unser Büro, er suchte mich auf, seine Bitte erschien mir einfach zu erfüllen, seine Motive kamen mir vortrefflich vor; ich bitte ihn um eine wohlbegründete Darlegung seines Begehrs; am nächsten Tag bringt er mir diese und windet sich von einem Kompliment ins andere, bietet mir dabei auch eine Börse an, deren magerer Anschein mich die Stirn runzeln läßt.

»Das, mein Herr«, sage ich zu ihm und wiege sie ab, »ist für die Unkosten ... Trinkgelder für den Portier, den Kammerdiener, den Mittelsmann, den Sekretär.«

Der zitternde Abbé wagt nicht zu widersprechen ... Ich prüfe die Aufstellung: ich finde Ungereimtheiten ... Er fleht mich an, ein Wort für ihn einzulegen.

»In diesem Falle, Herr Abbé, wählen Sie richtig; Sie wollen eine Abtei, die zwölftausend Pfund Gewinn abwirft ... Sie gehören zu meinen Freunden ... tausend Louis, und sie haben sie.«

Er schreit lauthals auf.

»Wie denn, mein Herr, das ist doch ein Nichts ...« Ich werde ärgerlich. »Nein, ich kann nichts weiter für Sie tun; Sie gehen mir auf die Nerven ...« (ich läute) ... »Hat nicht der Minister nach mir verlangt?«

Die Antwort ist bekannt ... Ich nehme meinen Hut. Der Abbé folgt mir auf den Fersen; ich behandle ihn schlecht; er wird wütend; ich spreche lauter als er und drohe ihm damit, seine Konduite an die große Glocke zu hängen... Ich murmele etwas von Haftbefehl ... Er nimmt Reißaus, und während er noch läuft, untersuche ich die Börse, in der sich hundert elende Louis finden: damit gedachte der Schurke eine Frau wie Madame +++ zu bezahlen.

Einige Tage später meldet man mir eine sehr hübsche Frau; meine Augen werden tellergroß. Sie verlangt für ihren Gatten eine königliche Leutnantsstelle, durch zwanzig Jahre Dienst und Verwundungen erkauft. Sie glauben, daß nun meine Großzügigkeit zu Wort kommt ...? Bei Gott, Sie täuschen sich nicht; zunächst versuche ich es mit allen Anzeichen, die ihr mein Wohlwollen deutlich machen sollen. Anfangs ist sie schüchtern; sie wird allmählich zahm, wir werden beide zahm und sind in weniger als einer Stunde so vertraut miteinander, daß wir nur mehr aus einem Fleisch sind.

»Was, du hast sie besprungen?«

»Nein ... Ich habe sie jemandem anderen geschickt ... Heiliger Gott, du dummer Teufel, wirst du denn immer so begriffsstutzig bleiben ... Das ist einer der hübschesten Widerspruchsgeister, denen ich in meinem Leben begegnet bin ... Für eine Provinzlerin hatte diese Frau ein erstaunliches Talent.«

»Zumindest hast du ihre Angelegenheit beigelegt, ohne Geld von ihr zu fordern.«

»Doch, gerade; wir kamen überein, daß sie nur an ihren Mann schreiben sollte, daß der zehntausend Pfund bei einem Notar hinterlegen sollte, der sie bei Erhalt des Dekrets zurückschicken würde. Ihr schenkte ich ein goldenes Döschen, das mir ein Spitzbube, der Adelsbriefe wollte, am Morgen geschenkt hatte; es war fünfundzwanzig Louis wert.«

Sie sehen, wie großzügig ich bin ... Es war mehr als Interesse an ihrem Geld.

Unsere Geschäfte gingen gut. Unter meiner glücklichen Hand wurde Kupfer zu Gold. Madame +++ bewunderte mich; sie schlief zwar mit der ganzen Welt, doch ich war ihr Favorit, denn ich hatte die Börse. Indes, ich spürte manchmal Gewissensbisse; sie heilte mich schnell wieder davon, das lag an ihrer Küche. Ich bemühte mich bloß, sie immer vorzuschieben und niemals in Erscheinung zu treten, um mir bei allen Vorkommnissen die Hände in Unschuld waschen zu können.

Und ich tat gut daran ... Folgendes passierte. Eine junge und reiche Frau hatte einen Liebhaber.

»Schöner Anfang! Welche Närrin hätte denn keinen?«

»Dazu ein eifersüchtiger Gatte.«

»Geh, was für eine Geschichte!«

»Ehrenwort.«

Diese Originale sind selten, aber einige muß es wohl wegen des Erhalts der Arten geben. Besagter Simpel fand es schlecht, daß seine Frau mit einem Stellvertreter schlief. Da sie ihn nicht für verrückt erklären konnte, griff sie zu dem probaten Mittel, ihn einsperren zu lassen; mit diesem Vorschlag kam sie zu mir, vor allem wollte sie jedoch einige Hindernisse beseitigen, die ein so klug ausgedachtes Projekt hätten hinauszögern, ja sogar scheitern lassen können. Madame +++ war ungemein mit sich zufrieden, um so mehr, da sie die Dinge schlau eingefädelt hatte; sie garantierte ihrem Mann sogar eine Pension von sechshundert Francs, kleidete ihn anständig ein.

Ich brauchte von ihr noch einige kleine Papierchen, von jenen flinken Händen ausgestellt, die nicht mehr erröteten als die Formulare, die sie benutzte, und wir legten alle Unkosten auf zehntausens Ecus fest, also ein ziemlich großes Geschäft.

Nun, acht Tage danach wird ihr Mann ohne großes Aufheben festgenommen und auf Weisung der Regierung ins Gefängnis geworfen. Seine Frau weinte und schrie Zeter und Mordio (aber von weitem). Ich leistete ihr Gesellschaft, sie zum Schweigen zu bringen, was ihr sehr leicht wurde.

Wer, zum Teufel, hätte wissen können, wie diese Geschichte ausging? Der alte Spitzbube sollte krepieren, zumindest verrückt werden. Doch er hatte den Teufel im Leib: er tat keines von beiden. Irgendein Beamter (der Polizeigeneralleutnant M.L.N.) inspizierte das Gefängnis; ich hatte ihn nicht in das Komplott eingeweiht. Dieser Mann stammte noch aus der alten Zeit, er bildete sich etwas darauf ein, ehrsam zu sein, und er besaß diese Menschlichkeit, die andere nur auf den Lippen haben, tatsächlich im Herzen; er hatte Mitleid mit den Qualen der Schuldigen und setzte sein Leben aufs Spiel, um das eines Unschuldigen zu retten. Er informierte den Minister; der zeigt – vielleicht in einem Augenblick des Unwillens oder der Furcht – Madame +++ an, schreit lauthals Betrug (weshalb auch sollte er nicht? Ich hätte es ebenso gemacht). Sie wurde geopfert, verlor ihre Stellung bei Hofe und zog sich auf ihre Landgüter zurück, um ihre Schande und unsere Liebe zu vergraben.

Denken Sie, ich hätte mich etwa erhängt? Nein, ich ging daran, mein Geld zusammenzuzählen ... Zwanzigtausend Ecus in klingender Münze, Diamanten, Schmuck ... Ja, gewiß, ich war über das Schicksal der armen Frau verärgert; sie hätte mir noch von Nutzen sein können ... Sollte ich meine Schulden begleichen? Nicht doch, das bringt Unglück. Bildeten sich diese Halunken von Wucherern etwa ein, ich würde ihnen mein Blut, meine reinste Substanz zu saufen geben? Mögen Sie doch meine Hochzeit oder mein Testament abwarten ... Wahrhaftig, diese trüben Gedanken haben mir den Mut genommen ... Los denn, voran, auf nach Potosi, suchen wir dort irgendeine neue Mine, möge Gold meinen Eifer krönen!

Ein prunkvolles Fest hatte Hof und Stadt vereint. Mein Blick glitt über die Anwesenden und suchte nach einem Gegenstand, an dem er festmachen konnte; er wurde einen Augenblick von zwielichtigen und aufreizenden Gestalten abgelenkt. O Satan, *vade retro* ... Schon fühlte ich, wie sich mein Herz füllte und meine Börse leerte. Endlich kommt Madame Cul-Gratulos mit Getöse an: ihr Stand verpflichtet sie, dem Spektakel beizuwohnen; ansonsten ist sie viel zu ordentlich, um ihr Vergnügen in der Öffentlichkeit zu suchen. In der Loge sitzend, die sie betrat, war mein Entgegenkommen so glücklich gewählt, daß es nicht ohne Wirkung blieb. Nicht, daß mich ihre Erscheinung verführte ... Stellen Sie sich, lieber Freund, einen Kopf, einen Hals, einen Körper und ein Gesäß aus einem Stück vor –

und das alles wie ein schlampig gestopftes Paket; bestücken Sie das mit plumpen Armen von blau-violetter Färbung, dicken Schenkeln, scheußlichen Beinen; bohren sie zwei bizarr geschlitzte Löcher für die Augen in das Gesicht, was auch auf ein gehöriges Raummaß an anderer Stelle hindeutet; bekleistern Sie das mit Rot und Tabakbraun; bestücken Sie dann das Ganze mit einer strubbeligen Perücke und hängen Federn, Schleier, Bänder, Diamanten darüber und Sie haben die Gräfin leibhaftig vor sich. Voilà!

»Und die Moral der Gräfin?«

»Votzbombenelement! Reden Sie nicht so laut ... Sie wissen doch, daß sie eine hochstehende Dame ist; so hochgestellt wie das *Régime* selbst (obwohl vielleicht nicht ganz so *ancien*), ihre Diener liegen genauso vor ihr im Staub wie vor dem Allmächtigen; sie *monseigneurisiert* ihre Kutsche, ihre Pferde, ihren Gatten, selbst ihren Großvater; doch höher steigt sie nicht, denn sie fürchtet den Fall. Dazu ist sie boshaft, zänkisch, schamlos frech, aus Dummheit und Jähzorn eigensinnig, devot aus Prahlsucht ... Jeder ihrer Diener spendet bei der Kollekte einen Ecu, den sie ihnen gibt; stets blitzt bei ihr heuchlerisches Gold im Opferstock ...

»Aber was hast du mit solch einem Ungeheuer denn vor?«

»Was ich vorhabe? Heiliger Strohsack, eine schöne Frage! Sie ausnehmen, übers Ohr hauen, und beim Vögeln auf sie pfeifen.«

Das Stück war spät aus; sie lud mich in einem Ton zum Souper ein, in dem Befehle erteilt werden. Ich war im Bilde und machte gute Miene zum bösen Spiel: ohne ihr die Hand zu reichen, ließ ich sie vorgehen; ich sah, wie sie in ihren Wagen stieg, der von vier Dienern, den Hut in der Hand, eskortiert wurde, und begab mich zu ihr.

Die Gesellschaft war sehr zeremoniell und infolgedessen sehr trist. Das Souper verlief entsetzlich geschraubt: man aß wenig und hatte sich noch weniger zu sagen; das *Lever*, die Jagd, das *Coucher*, einige abgestandene Neuigkeiten – alles mit gelangweilter Stimme zelebriert ... Huldigungen an Madame beschlossen die Séance; allerdings nicht für mich. Da bei der Gräfin alles nach Plan ablief, hatte mich ein Diener bereits zuvor in Kenntnis gesetzt, daß ich, bevor ich ging, bei Mademoiselle Branlinos vorbeischauen sollte (wundern Sie sich nicht über diesen Namen, sie ist die erste Kammerzofe der Gräfin).

Nachdem ich letzterer meine Aufwartung gemacht, wird mir ohne Umschweife verkündet, daß ich bestimmt sei, die Gräfin des Nachts zu vergnügen, und sie Order erhalten habe, mich entsprechend vorzubereiten.

»Bei Gott, meine Teuerste«, sage ich zu ihr, »soviel Ehre habe ich nicht erwartet; aber es sei, wie Sie wünschen.«

Wir betreten ein Badezimmer, wo alles schon bereit steht. Mademoiselle Branlinos schließt hinter uns die Tür und hilft mir, mich zu entkleiden ... Ich zögere, mich vor diesem hübschen, kaum zwanzigjährigen Mädchen nackt auszuziehen, doch da sagt sie zu mir:

»Nana, mein Herr, beeilen wir uns, ich muß Sie rüsten.«

»Teufel auch, Mademoiselle, gerüstet bin ich für derlei allemal ...«

Ich bette sie auf die Liege im Badezimmer und nehme sie mir vor. Ihr mißfällt das Spiel mitnichten, mich amüsiert es trefflich. Doch müssen wir ans Zurüsten denken ... Ich hätte sie völlig befleckt, sagt sie, und steigt zu mir ins Badebecken, gleichzeitig verkündet sie mir, daß sie als dritte bei uns liegen wird ... Dieses *procedere* scheint mir neu, doch das Hexchen unterdrückt ein Kichern und bewahrt das *tacet.* Schließlich läuft sie – nachdem wir uns gewaschen, abgetrocknet und verschwenderisch parfümiert haben – aus Furcht vor einem neuen Samenerguß davon, um mich fünf Minuten später zu holen.

Ich betrete das Schlafgemach. Die Gräfin liegt schon im Bett, sie reicht mir eine Hand, die ich leidenschaftlich küsse, als ob sie schön wäre. Ich plaziere mich auf der einen Seite neben sie, Branlinos auf der anderen. Die Gräfin zeigt sich schon milder gestimmt als beim Souper, doch das *decorum* wird noch immer gewahrt ...

LUD. XVI. D
Ma conversion ou

Zum Beweis:

»Mein Herz«, sagt sie zu Mademoiselle Branlinos, »geruhen Sie doch nachzuschauen, ob er ihm steht.« (Die Kleine befühlt mich ... und, zum Teufel, im selben Augenblick richtet er sich auf.)

»Ah, Madame, er reicht bis in den siebten Himmel ...!« schreit Branlinos los.

Da dreht sich Madame Cul-Gratulos halb herum und präsentiert mir ... »Raten Sie.«

»Was denn?«

»Pah, bist du blöd!«

»Bei Gott, ich weiß es nicht.«

»Ihren Arsch.«

»Ihren Arsch?«

»Ja, zum Teufel, ihren Arsch ...«

Eine überwältigende Masse faltigen und schwabbeligen Fleisches. Er schlafft mir augenblicks weg ... Mademoiselle Branlinos, die so etwas geahnt hat, kommt mir mit einer Hand zu Hilfe, mit der anderen öffnet sie den Schlund, in den ich mich zähneknirschend hineinschraube ... Und ich bin mittendrin, ehe ich mich's versehe ... *O altitudo!* Branlinos ist zu ihrem Posten zurückgekehrt; ihre flinke Hand reibt die Gräfin aus Leibeskräften, während ich bohre und bohre, daß mir der Schweiß aus allen Poren bricht ... Der Augenblick des Ergusses naht ... Wurden Sie jemals durch das Knarren einer schlecht geölten Tür geweckt? Da haben Sie die Leidenschaft meiner Schönen und die Wonnen, die sie mir bereitet. Als endlich alles vorüber ist, dreht sie sich zu mir herum und erweist mir die Ehre, mich zu küssen ... Pouah! Bei meiner Ehre, da war mir das andere lieber. Zudem war es parfümiert; dafür hat ihr Mund dessen Geschmack angenommen.

Nach einer kurzen Plauderei heißt es, wieder von vorn beginnen; das heißt, ihre Art ist immer dieselbe, und nach dem Kuß finde ich es nicht mehr so lächerlich. Doch dann wird es doch anders; sie plaziert mich zwischen sich und der Branlinos, dreht mich herum, ganz wie es in Berlin Sitte ist, und bewundert meinen verlängerten Rücken ... Ich glaube, eine zweite Ausgabe von Vit-au-Conas vor, nein, hinter mir zu haben ... Doch komme ich diesmal bloß mit der Angst davon, denn plötzlich sagt sie wie in einer Eingebung zu mir:

»Mein Schwänzchen, willst du die Branlinos stöpseln?«

Bei Gott, dieser Vorschlag findet meine Zustimmung ... Doch da spüre ich, wie man an mir herumfingert. Herrgott, dieses Geilstück reibt mich mit Spucke ein: ihr großer häßlicher Finger pflückt Afterrosen. Deshalb also die Pille, die Kleine zu verzupfen; aber das war wenigstens kein Nachteil für mich. Die Gräfin läßt erst von mir ab, als ich vor Erschöpfung nicht mehr kann: schon wird es Tag; ich überlasse sie der Ruhe und ziehe mich zurück. Mir wurde inständig nahegelegt, Stillschweigen zu bewahren, was ich auch befolgt habe.

Die folgenden Tage waren mit den gleichen Abläufen angefüllt. Ich wurde durch Geld entschädigt, und das floß in Strömen. Branlinos unterstützte meinen Mut und mein Gemächt. Und zudem war die Gräfin mir gegenüber immer weniger scheinheilig und unausstehlich als zu Beginn.

Mein Dienst endete schließlich; sie reiste nach den Quellen von Barèges ab und überhäufte mich mit Geschenken, aber mit einer Miene, die einem jedes Verdienst abspricht. Und ich kehrte nach Paris zurück.

Angekommen in diesem Babylon, in dem es mehr Laster als sonstwo gibt, weil in ihm auch mehr Leute als sonstwo leben (denn je mehr Laster auf einem Fleck, desto mehr neue entstehen), langweilte ich acht Tage lang Pferde und Diener, indem ich bei sämtlichen Kokotten und Koketten in Paris vorsprach. Vierzehn Tage verstrichen so ohne jedwedes Abenteuer. Ich verging vor Langeweile, ich spielte, ich verlor; und seitdem verabscheue ich dieses Mittel der Zerstreuung, das einem nur das Geld verschlingt. Um es zu behalten, gab es nur einen Ausweg: die Flucht. Das war jedoch ein folgenschwerer Entschluß, und so schwankte ich.

Schon vergoldete die Sonne die Saat, die Grazien zogen sich in die Wälder zurück; alle Frauen fuhren aufs Land, die einen aus Müßiggang, die anderen aus Gewohnheit, wieder andere, um eine Revolution vorzubereiten. So große Beispiele bestimmten auch meine Entschlüsse; einige unbedeutende Ausflüge bereiteten meinen Rückzug vor; ich schwirrte umher, aber im Gegensatz zu der arbeitsamen Biene saugte ich nur an einschläfernden Säften. Das heißt, die Langeweile ließ mich gähnen, aber nicht einschlafen.

Sie kennen wie ich jene zauberhaften Paläste, die die Seine in ihrem geruhsamen Lauf vorbeiziehen sieht ... Ach, eine grausame Kunst verfolgt uns auch hier noch; sie erstickt die Natur, indem sie glaubt, sie zu verschönern. Eine langweilige Symmetrie hat die Beete mit sterilen Sandwegen gespickt und den tristen Rasen seines üppigen Grüns beraubt. Mauern aus Buchen erlauben den lauen Lüften kaum, den Busen der Flora zu liebkosen; die Rose welkt glanzlos in Kübeln, in die sie gepfercht wird, um für Buketts gut zu sein. Lange Alleen bieten mir keinen köstlichen Anblick, sondern wirken monoton. Ich streife durch Büsche, deren welkes Gesträuch kaum Schatten spendet; eiserne Schienen zähmen die gekrümmten Äste; das Geißblatt bricht nicht durch das Blätterwerk hindurch, die Tulpe ist ohne Farbe, das Veilchen ohne Geruch ... Ich rette mich ins Gehölz ...

Aber was ist das! Auch hier Veredelung, niemals Überraschungen. Die Hand des Architekten hat diese wunderbar trübseligen Baumhallen dekoriert; alles beherrschende Regelmäßigkeit prägt den Charakter; Gartenschere und Sichel haben die wimmernden Dryaden verstümmelt, um diese Baumsäulen rund zu machen oder Amphitheater zu formen. Ich vernehme das Plätschern der Brunnen ... Ach ja, die weinende Najade kann sich nicht mehr dem quirligen Lauf der Strömung anvertrauen; tausend Kanäle stoppen ihre Flut; bizarre Figuren mit erzenen Rachen schleudern sie in die Luft; erschöpft fällt sie in die Bassins zurück, in denen sie sich verliert, ohne die nach ihr lechzenden Sträucher benetzen zu können ...

O ihr Menschen, euer Despotismus verwandelt eben alles in Sklaverei! Ich irre durch die Windungen eines abgezirkelten Labyrinths; die zierliche Grasmücke, der frohgemute Fink finden kein Asyl mehr für ihre Liebe. Nur Philomela läßt manchmal ihren Klagegesang hören, und des Nachts, wenn Phöbus seine Herrschaft an Stille und Schweigen abgetreten hat, dann verkündet der traurige Kukkuck dem Herrn dieser Stätte dessen vorherbestimmtes Geschick.

Wie weit entfernt bin ich doch, o großer Gott, von dieser süßen Melancholie, in der die sentimentale Seele das schmerzliche Gefühl für ihre Mühsal verliert. Wo unwillkürlich Tränen, die echt gemeint sind, die gepreßte Brust weiten und die Lider erfrischen! Ich bin trübsinnig, meine Gedanken purzeln durcheinander und verwirren sich; ich komme schleppenden Schrittes zurück, träumerisch, den Kopf gesenkt ... Ich betrete einen vor Gold und Spiegeln schimmernden Saal, die mir zwanzig Personen zurückwerfen, die auf einer grünen Tapete kleben. O neuerliche Quelle von Ärger und Überdruß ... Ich kehre in die Stadt zurück. Die ganze Schnelligkeit meiner Pferde reicht mir nicht: kaum bin ich angekommen, möchte ich schon wieder woanders sein; wie besessen suche ich nach neuen Zerstreuungen ... Ach, es gibt nichts, was ein blasiertes Herz heilen könnte.

Versuchen wir wenigstens, uns zu zerstreuen ... Auf, auf, fliehen wir vor den Gemeinheiten des Hofes, dem Tumult der Städte. Suchen wir einen Zufluchtsort ... Ich weiß einen und eile auf den Schwingen der Hoffnung und der Sehnsucht dorthin.

Inmitten der reichen Gefilde, die die eigensinnige Marne in ihrem Lauf befruchtet, erhebt sich ein Bauwerk, das von unseren Vorfahren erbaut wurde; das prächtige Äußere scheint auf einen königlichen Landsitz hinzuweisen ... Mitnichten, es ist der Ruhepunkt der dem Gott des Friedens Angetrauten. Es handelt sich um die Abtei von +++; die Tante eines meiner Freunde ist dort Äbtissin. Man hat mich ihr als einen liebenswürdigen Menschen geschildert. Ich werde also erwartet; ich treffe ein ... Der Lärm meines vorpreschenden Wagens, mehr noch das Geschrei der Diener, die meinen, damit das Ansehen ihres Herrn zu unterstreichen, sorgt für Aufsehen. Alles, was im Kloster Beine hat, eilt herbei; die Oberin wird ihre Zunge wetzen müssen ... Ein

Mann, der bei Hofe verkehrt! Was für hübsche Dinge er uns erzählen kann! Die niedliche Nonne bindet ihr leichtes Tuch kunstvoll und kokett ... Alle wollen sie gefallen, alle eilen sie ins Sprechzimmer. Die Beschließerin ist bestimmt, mir das Willkommen zu entbieten: die liebenswürdige und fürsorgliche Begrüßung zeigt, daß man mir wohlgesonnen ist.

Schließlich erscheint die Äbtissin am Sprechgitter, und der Schwarm verschwindet aus Diskretion und Respekt. Heiliger Gott im Himmel, was für ein charmantes Gesicht ...! Lies ihre Beschreibung, lies und stirb vor Neid.

Sie hat kaum ihr fünftes Lustrum vollendet; die Blüte von Gesundheit und Jugend vereinen sich in ihrem Antlitz. Ein mattglänzender Teint, die schönsten Augen der Welt, kohlrabenschwarz; ein niedliches, rosiges Mündchen; Zähne von Elfenbein, die ich durch ein bezauberndes Lächeln, das sie mir schenkt, bewundern kann ... Und zudem eine Art von Koketterie, die in der Welt draußen unbekannt ist und nur dem Kloster vorbehalten bleibt. Ihr Nonnengewand ist aus dünnem, durchsichtigem Flor gewebt und umspielt sie in langen, wohldrapierten Falten; ein goldener Gürtel scheint weniger dazu angetan, ihre Würde zu unterstreichen, als eine göttliche Taille zur Geltung zu bringen. Ihre Haube ist aus dem weißesten Batist; der Schleier schmiegt sich an ihre Schläfen und bildet den Rahmen für ein köstlich geschnittenes Oval; bei einer Drehung des Kopfes umschwebt er sie wie ein Zephyrhauch; tausendmal Liebe scheint er zu verheißen – eine Liebe, die kommt und geht und im neckischen Zerzausen alles noch schöner macht.

»Hast du dir vorgenommen, den zweiten Band von Abelard zu schreiben?«

»Alle Wetter, ich weiß es nicht ... Aber sollte ich das ganze Hohelied singen, werde ich meine charmante Äbtissin erst bespringen müssen, dann sehen wir weiter.«

Die Komplimente wurden ausgetauscht, wie es sich gehört: liebenswürdig von ihrer, galant von meiner Seite. Bald war die Bekanntschaft gemacht; ich berichtete einige Neuigkeiten, und die Äbtissin war zu welterfahren, um nicht zu bemerken, daß meine Seele in meinen Augen lag ... und sie war auch sonst kein totes Fleisch, und er stand mir zum Brüllen ... Sublimer Effekt der Tugend! Unberührte Jungfrauen! Die heilige Materie eurer weißen Brüstchen machen mir die Sinne schwinden ... Könnte ich doch die ganze Manneskraft eines jungen Karmeliters in mir vereinen und in eurem Vötzchenspalt das Draufgängertum und die Angriffslust von Pater Düsenputzer neu beleben!

Ich werde nicht von den Festen reden, die mir zu Ehren gegeben wurden, von den Konzerten, die ich mitbestritt. Meine männliche und tiefe Stimme, mein fester Ton mischte sich in das Gezwitscher dieser schüchternen Mädchen ... So verwirrt ein Satyr die Nymphen, unter die er sich gemischt hat: vergeblich trachten sie, ihm zu entkommen; etwas viel Stärkeres zieht sie an; und wenn sie unentschlossen sind, so ist dies bereits das Werk des Verlangens ... Und die Schreie, die die Kleinen dabei ausstoßen, sind nicht etwa solche des Entsetzens.

Mein Freund! Wie hübsch ist es, inmitten eines Serails zu sein, in dem sich zwanzig den Preis der Schönheit streitig machen! Ihre Augen, die weniger gierig als die unserer Frauen sind, atmen in zärtlicher Hingebung. Mehrere verspüren sogar ihnen bis dato völlig fremde Regungen ... Gott, was für ein wonniglicher Ausdruck ... Zum Ficken süß, ja süß. O mein Fidelbogen, sei gespannt bis zum Äußersten! Möge sich jede deiner Allmacht beugen! Evoé, Liebe ...! Evoé, Priapus!

Ich ging schlafen und verschob die üppigen Projekte auf später. Mein Zimmer war mit einem Moirémuster tapeziert; es war geschmackvoll, einfach eingerichtet, von peinlicher Sauberkeit und dennoch war das Bett in seiner Weichheit voller Laszivität. Ich schlief nicht; ich war verzaubert, berauscht ... Ein leichtes Unwohlsein – vielleicht geheuchelt – fesselte die Äbtissin anderentags ans Bett. Ich erhielt die Erlaubnis, ihr in ihrem Zimmer meine Aufwartung machen zu dürfen ... Wie wurde mir, o Himmel, wie wurde mir! Sie war schön wie ein Engel, von einer ungemein anrührenden Schönheit. Ich vergaß sogar, weswegen ich hergekommen war; sie reichte mir ihre Hand, wobei sie sich nach meinem Befinden erkundigte; ich küßte ihr die Hand mit einer derartigen Inbrunst ... Die Äbtissin seufzte ... Ein Seufzer war auch meine Antwort ... Wir waren allein, ihre Augen halbgeschlossen, die langen Wimpern gesenkt; das Beben und Wogen eines alabasterfarbenen Busens, der unnützerweise von einem Schleier bedeckt war, das alles schien mich noch zu erkühnen ... Ach Gott, war ich schüchtern! Julie, Julie ...! So brach unsere erste Leidenschaft aus uns hervor ... Ich warf mich auf die Knie; meine brennenden Lippen preßten sich auf diese Hand, die man mir nur gewaltsam wieder hätte entreißen können ... Gott, sie wird kreidebleich, fällt in Ohnmacht ... Sie stirbt ... Ich tue das Nächstliegende ... Ich schreie ... Ihre Frauen eilen herbei ... Salz, Wasser, Riechfläschchen ... alles halte ich in den Händen.

»Das sind doch die Riechfläschchen unserer lieben Frau!« schreit eine von ihnen.

Ha, du Ochse, sage ich mir ... Sapperlot, es ist nicht ihr erster Anfall. Nach einer Viertelstunde kommt sie wieder zu sich; sie ist bleich ... Aber es ist die Blässe der Liebenden; einige Tränen lassen ihre schönen Augen glänzen. Wie aufwühlend sie sind! Sie scheinen zu flehen ... Wir werden wieder allein gelassen ...

»Ach«, meint sie, »ich bin so unglücklich: diese heftigen Anfälle bringen mich noch um ... Und man kann die Ursache dafür nicht ergründen ...«

Wenn du die Röte auf ihren Wangen sehen könntest; ihr Puls belebt sich; mein Herz schlägt mir bis zum Halse; ich werde kühner ... Einige verschobene Kissen geben mir den Vorwand: ich wage es, die Hand auszustrecken, um sie zu stützen ... Eine Bewegung enthüllt mir ihren Busen ... Er ist wie der der Polignac ... Ein Rausch überkommt mich, ich presse meinen liebestollen Mund auf den ihren; meine Zunge läßt sie wollüstig erschauern; ich rücke auf das Heiligtum vor, mein Finger dringt in sie ... Er zittert, und dieses Zittern erregt sie noch mehr ... Jetzt ist es soweit ... Den Finger habe ich durch etwas anderes ersetzt ... Götter, o Götter, welch ein Genuß ...!

»Ach, mein Retter«, wimmert sie, »ach ... ach ... was für ein Glück ... ich kann sterben, mein süßer Jesus ... Ach, lieber Freund, ich sterbe ...«

Die Empfindungen waren zu lebhaft, zu vielfältig, zu neu ... meine Seele war ihnen nicht gewachsen, ich falle ernsthaft in Ohnmacht ... Meine erschrokkene Äbtissin muß ihrer Vertrauten geläutet haben; ich finde mich in ihren Armen wieder; die Küsse meiner liebreizenden Äbtissin geben mich dem Leben zurück; doch gleichzeitig verschaffen sie mir solch einen festen Stand, daß die Oberin scharfsinnig schlußfolgert, daß wir ihrer nicht mehr bedürfen. Mehr als einmal schwören die Äbtissin und ich, daß wir einander ewig lieben werden, und fast augenblicklich folgt jedesmal der Beweis dafür.

Kraftsuppen und stärkende Speisen in Hülle und Fülle wurden mir verabreicht. Der Tag verging wie der Morgen, und die Nacht war nicht minder glücklich. An den folgenden Tagen wurden für mich ungezählte Vergnügungen veranstaltet: Jagd, Fischfang, tausenderlei Spiele ... Und soviel Wonne bereitete mir meine Äbtissin; sie war geil, aber ohne Kunstfertigkeit, ohne Raffinesse. Meine Ratschläge gefielen ihr; meine Lektionen entflammten sie; sie gewann viel hinzu, und ich verlor dabei nichts. Ihr schöner schlanker und biegsamer Leib, ihre feinen Glieder schmiegten sich an die meinen, umschlangen mich; und nur in meinen Armen genoß sie die Atempausen ... Ich nahm mir ehrlichen Herzens vor, ihr die Treue zu bewahren; aber dem widersetzte sich die Menschlichkeit. Junge Herzen seufzten insgeheim nach mir: sollte ich zusehen, wie sie sich verzehrten und dahinwelkten? Nein, dazu bin ich viel zu mitfühlend. Meine Abmachung mit der Äbtissin war wohlfeil; ihr widmete ich meine Nächte, tagsüber beschäftigte ich mich anderwärts. Schlafsäle, Klosterzellen – alles stand mir offen, und das nutzte ich weidlich. Soweit ich mich erinnere, besprang ich als erste eine Oberin.

»Eine Oberin? Du scherzt!«

»Nein, bei Gott; es war unsere Vertraute; ein reifes Mädchen, von dem man nicht wußte, ob es fünfzehn oder fünfundfünfzig war.«

Und das kam so. Sie hatte sich um mein Frühstück zu kümmern. Eines Tages war ich so in die Jagd vertieft gewesen, daß ich meine übliche Stunde versäumte und zu einer Zeit zurückkehrte, da mich die gute Mutter Saint-Françoise nicht mehr erwartete ... Ich trete, ohne Lärm zu machen, ein; sie sitzt in einem großen Lehnsessel, den Rücken zur Tür, die Kleider bis zum Nabel geschürzt, die Schenkel auseinander gebreitet, und bewegt aus ganzer Kraft ... Na?

»Was für eine Frage! Einen Lustknochen.«

»Genau.«

Ich schließe in aller Eile die Tür, sie hat nur noch Zeit, die Röcke herunterzuschlagen und läßt das Eisen in der Spalte. Rot wie ein Cherubin erhebt sie sich, tut zwei Schritte, preßt dabei die Schenkel zusammen, und ich, den der Teufel reitet, nehme sie so ungeniert in die Arme, daß der Priapus seinen Kerker verläßt und mitten ins Zimmer plauzt ... Oh, meine liebe Mutter Gottes, Sie sind doch nicht etwa verletzt ...?

Potztausend, sage ich, indem ich den Herzbuben aufhebe, das ist ja eine schöne Fehlgeburt ... Hoppla, meine Gute, gucken Sie nicht so erstaunt, ich habe alles gesehen; ich habe Sie unterbrochen, also muß ich den Rest vollenden. Ich schmeiße sie auf ihr Bett und mach ihr zweimal das süße

Geschäft ... Der liebe Gott vergelt's Ihnen, sagt sie voller Zärtlichkeit zu mir. Da muß ich lachen.

Übergehen wir stillschweigend einige unerhebliche Abenteuer. Ich racheidelte Schwester Saint-Jean-porte-Lapine, Schwester Magdelon, Mutter Saint-Bonaventure etc. Schlafsaal, Garten, Vorratskammer und Apotheke waren nacheinander meine Bühne. Doch kommen wir zu den Novizen.

Es waren deren fünf, von denen man Schwester Agathe, Schwester Rose und Schwester Agnes besonders hervorheben muß. Sie waren die reizendsten Geschöpfe der Welt. Die beiden ersteren, aufgeweckte kleine Schnattermäulchen, liebten einander geradezu rasend und liebkosten sich in Ermangelung eines besseren auch ebenso. Schwester Agnes war in mich verliebt, sagte jedoch nichts, sondern weinte nur. An einem Tag, der der inneren Entspannung vorbehalten ist, finde ich Gelegenheit, ihr Zimmer zu betreten.

»Was haben Sie denn, schöne Agnes?«

»Ach, ich habe nichts.«

»Seit einer Woche sind Sie ganz verändert; Sie träumen vor sich hin, dabei hat man Sie sonst unaufhörlich lachen und scherzen sehen.«

»Ach ja.«

»Sie seufzen ... Agnes, Agnes, Sie haben kein Vertrauen zu mir ... Zu mir, der Sie so gern hat.«

»Sie mögen mich ... O mein Gott, wenn es nur so wäre!«

»Würde Sie das denn kränken, Agnes? Aber ach, das ist nicht mein Fehler; Sie sind so liebenswert.« (Ich ergreife ihre Hand.)

»Oh, lassen Sie mich ... Heilige Jungfrau ...« (sie erhebt sich).

»Ich sehe es ein, meine Schwester, Sie haben Angst vor mir; ich bin Ihnen widerwärtig ... Nun gut, ich ziehe mich zurück.«

»Was, du gehst weg?«

»Dummkopf! Das arme Kind. Sie gehört mir schon; ich hätte jedoch keine Zeit gehabt, es zu Ende zu bringen. Bei erstbester Gelegenheit habe ich sie in der Tasche.«

Die Oberin der Novizen (Sie wissen ja, daß sie zu meinen Freundinnen gehört) bot mir einige Tage später eine schöne Gelegenheit dazu. Es sollte eine Chormotette gesungen werden; der Musiklehrer war nicht gekommen; sie vertraute mir Agnes an, um mit ihr zu repetieren, und zog die Tür hinter uns zu, als sie ging.

»Nun, meine schöne Agnes, sind Sie immer noch so grausam« (sie schlägt die Augen nieder), »wie unglücklich ich doch bin! Sie verabscheuen mich! Oh, Gott weiß es« (und ihre Hände strecken sich gen Himmel), »Agnes, ich habe Tränen um Sie geweint.«

»Und ich erst! Ach, wie habe ich geweint!« (Und ihre Tränen kullern erneut.)

»Wenn Sie wollen, nun, dann könnten wir uns ja gemeinsam trösten ... Wenn nicht, möchte ich sterben.«

»O mein Jesus! Sie und sterben! Nein, nein, das ist an mir.«

»Sie, Agnes! Sie, die ich mehr als mein Leben liebe« (ich umschlinge sie und ziehe sie auf meine Knie ... Sieh doch, wie sie ihren Hals auf meine Schulter legt, ihren Kopf zu mir neigt, sieh doch nur ihre schönen, tränenvollen Augen) ... »Agnes, meine einzige Liebe! Ach, sag mir, daß du mich liebst!«

»Böser Kerl! Sie zweifeln daran?«

Ihr Mund liebkost mich; die Unschuld sieht nichts Schlechtes in ihren Herzensregungen ... Ihre Stunde ist gekommen, ich bedecke sie mit Küssen; die Glut, die mich verschlingt, springt auf sie über; ich entflamme sie mit Zärtlichkeiten und Liebkosungen; ich hisse alle Segel: welche Schätze gilt es zu erobern! Zartgefühl greint nicht. Sie kennt sich selbst nicht wieder ... Rasch wie der Blitz entjungfere ich die Nackte ... Und der Schrei, den Agnes ausstößt, ist das Zeichen meines Sieges.

Du wirst dummerweise glauben, daß sie sich geziert, mir gegrollt hat, mich als Ungeheuer, als Verführer behandelte ... Ha! Überlaß das ruhig unseren ständig neuen Jungfernschaften dieses Jahrhunderts ... Das arme Kind! Sie dankte mir für meine Güte ... Es mag stimmen, ich habe ein verteufeltes Verdienst dabei gehabt; denn der Platz war ausgesprochen schwer einzunehmen.

Nach dieser spritzigen Eröffnung beweist Agnes

eine erstaunliche Auffassungsgabe für ihre Motette. Und bei der Rückkehr der Oberin singt sie ihr diese zu deren Entzücken vor. Zum Glück schlief meine Äbtissin wegen gewisser Besuche allein, denn bei Gott, ich war völlig wundgerieben; zwölf Stunden Ruhe würden mich wieder herrichten.

»Ha! Schöner Zeitvertreib!«

»He, warum, zum Teufel, grollst du, ich bitte dich.«

»Ich grolle, weil du deine Zeit verlierst und kein Geld hereinkommt.«

»Das ist mein Fehler, ich gebe das zu ... Dein Geschäftsgeist entzückt mich; doch muß ich dir sagen, daß mich die Äbtissin, ebenso schön wie freigiebig, mit Geschenken überhäuft ... Also, beruhige dich und hör dir das Neueste an.

Schwester Agathe und Schwester Rose forderten meine Huldigungen heraus. Die ältere war noch nicht achtzehn; erstere ist lebhaft und ungestüm, ein richtiger kleiner Dämon; schlagfertig wie ein Schelm, bleibt sie keine Antwort schuldig und ist unglaublich wortgewandt. Rose ist sanfter, zärtlicher, aber dabei ausgelassen. Diese beiden Kinder sind in tiefer Sympathie einander verbunden, mehr noch aus Temperament; die Äbtissin, deren Schmuckstücke sie sind, hat mir anvertraut, daß sie sich einander maßlos hingeben und daß sie selbst die beiden mehr als einmal in ihr Bett geholt habe, um wenigstens ihre Begierde zu vertreiben. Ich war freimütig zu ihnen; ich lehrte sie tanzen, und wir trieben allerlei Schabernack ...

»Meine Güte, meine Schwestern«, sage ich eines Tages zu ihnen, »ihr könntet mir dieses Spiel, das ihr gestern zusammen gespielt habt, auch einmal beibringen.«

»Was denn für ein Spiel?« erwidert Agathe, während Rose puterrot wird.

»Du liebes bißchen, wenn ich es wüßte, würde ich euch doch nicht danach fragen.«

»Ach so, Rose, er meint das Versteckspiel ...« (und das Luder platzt schier vor Lachen).

»Verstecken ... Ha, ihr Scheinheiligen, von wegen verstecken; ich habe es genau gesehen.«

»Was! Sie haben es gesehen«, sagt Rose. »Agathe, wir sind verloren!« (Die Kleine bricht in Tränen aus, und ihre Gespielin ist bestürzt.)

»Aber, mein Herz, so weinen Sie doch nicht ... Rose, Sie sind ein Kindskopf, ich erzähle doch keinem etwas davon ...« (Das beruhigt sie ein wenig: im Kloster wie anderswo gilt verborgene Sünde nichts.)

»Aber wie nur haben Sie es sehen können?« nimmt Agathe schüchtern den Faden wieder auf.

»Ich habe euch hinters Licht geführt; nichts habe ich gesehen, doch mein Zauberstab hat es mir gesagt.«

»Ein Zauberstab!«

»Ein Zauberstab«, wiederholt Rose.

»Ja, ein Zauberstab, der mich über alles informiert ...« (und meine Närrinnen kichern erleichtert). »Was denn, ihr Ungläubigen, ich werd' ihn euch schon zeigen ... aber nur unter der Bedingung, daß ihr mich euer Spiel lehrt und schön darauf hört, was er euch zu sagen hat.«

»Er spricht!«

»Selbstverständlich, aber nur durch Zeichen, doch die werde ich euch erklären.«

»Ah, laßt sehen.«

»Ja, wir wollen ihn sehen«, stimmt Rose bei.

»Sachte, sachte ... Zum Teufel, doch nicht so holterdipolter ...! Wartet, ich muß ihn erst herbeizaubern ... Währenddessen könnt ihr mir doch euer Spiel zeigen?« (Verdammt nochmal, ich hatte meine Gründe: noch nie war mein Zauberstab so dumm gewesen; ich konnte ihn noch so rütteln und schütteln, der Kerl wollte kein Stab werden ... Pardon, Pardon, zu guter Letzt wurde er es doch noch ...) »Hört zu: die Ungläubigste von euch stelle sich in diese Ecke, und wenn sie ihn sieht, muß sie ihn gleich packen, damit er sich nicht davonmacht, denn er ist ein wenig ungestüm ...« (Wie gesagt, so getan; ich hole *Monseigneur* heraus; meine ungeduldige Agathe packt ihn sogleich.)

»Ha, Rose, komm schnell, ich hab ihn ...« (wir lassen ihn ganz erscheinen). »Oh, was für ein komischer Zauberstab, wie der aussieht!«

Rose ergreift ihn.

»Oh, wie heiß er ist!«

»Das kommt daher, weil er so schnell erschienen ist.«

»Sieh doch«, sagt Agathe, »wie aufrecht er stehen bleibt ...« (Und das Weibsstück schiebt die Zippelhülle zurück.)

»Guter Gott, meine Damen, einen Augenblick; seht ihr denn nicht, daß das eine Schnecke ist? Sie steckt noch in ihrem Schneckenhaus.«

»Das ist wahr, das ist wahr«, sagt Rose, »hier ist das Gehäuse ...« (Sie umfaßt die Klötenbecher, die, derart gewogen, hart wie Steine sind ... Agathe drückt sie ein wenig und kehrt dann zur Hauptperson zurück.)

»Eine Schnecke! So eine habe ich noch nie gesehen.«

»Die kommt ja auch aus China.«

»Streckt sie denn auch ihre Hörner aus?«

»O nein, in dem Land haben sie keine Hörner, die steckt sie nur Ehemännern auf ... Oh, mein Stab scheint sich zu sputen.« (Ich sterbe vor Angst, daß der Zauberstab seinen ganzen Zauber in ihre Hand entladen könnte.) »Ihr Spiel, meine Damen ...«

»Oh, er soll sprechen.«

»Los denn, ich bin bereit ... Ich erfülle euch jeden Wunsch, das müßt ihr doch zugeben ... Aber ich mache euch darauf aufmerksam, daß er nur jeder einzeln sein Sprüchlein flüstern wird; und ihr dürft kein Wort sagen und ihm schön zu Willen sein, sonst kein Zauberstab mehr; er ärgert sich dann und kommt nie wieder ... Vorwärts, Agathe, und schön leise ...« (Ich nehme sie und werfe sie aufs Bett.)

»Nanu«, sagt sie, »ich sehe ja den Zauberstab nicht mehr.«

»Keine Bange; er verschwindet nur, wenn Sie nicht hübsch artig sind ...«

Ich verführe sie im Nu, daran wirst du nicht zweifeln und auch nicht, welche Sprache der Zauberstab spricht. Die Kleine war wacker und sagte kein Wort ... Aber, lieber Freund, stell dir Rose vor, die um uns herumtrippelt und -wippelt und uns – mal rot, mal bleich werdend – aufmerksam zuschaut ...

»Agathe, spricht er?«

»Ah, ja ... Ach, mein Gott! Ach ... und wie er spricht! Der hübsche Zauberstab! Mein Gott ...! Ro...se..., ich kann nicht mehr.«

»Agathe! Agathe, aber was sagt er denn?«

Sie hatte, bei allen Heiligen, etwas anderes zu tun, als darauf zu antworten. Die kleine Teufelin kreiste so heftig und umschloß mich so fest, daß ich es ihr nochmal besorgen wollte, als mich plötzlich die erboste Rose an meinen Rockschößen zog, und der schweißnasse und fleischeslüsterne Zauberstab entweicht ... Ich habe noch so viel Zeit, Agathe auf einen Sessel zu hieven, und bearbeite ihre Gefährtin. Diese ist weniger agil, dafür geil. Sie besitzt vor allem diese so köstliche Eigenschaft, die ich bereits bei einigen Frauen stets aufs neue genossen habe: der Opferstock schließt sich so fest um die Opfergabe, daß man einfach nicht schlappmachen kann ... Und wieviel mein Zauberstab Agathe zu denken gegeben hat: sie stellt keine Fragen mehr! Die beiden Freundinnen hatten sich übereinander gebeugt und befanden sich in einer Ekstase, aus der sie nichts zu reißen vermochte. Ich erfreute mich ihrer unschuldigen Verwirrung und teilte sie ... Über das Spiel redeten wir nicht mehr; sie hatten meine Täuschung durchschaut, ohne deswegen jedoch böse zu sein. Und der Zauberstab gab ihnen von Zeit zu Zeit neue Beweise seines Könnens.

Ich war auf dem Gipfel der Glückseligkeit, der fast an wohlige Trägheit grenzt; doch der Teufel, der stets wacht, hatte es sich in den Kopf gesetzt, mich aus einer so guten Unterkunft zu vertreiben. Gewohnheit geht in Sicherheit über, und Sicherheit schläfert ein; man nimmt sich nicht mehr in acht und wird somit selbst zum Schmied seines Unglücks: denn ein Apfel für drei Göttinnen bringt nun einmal Streit – ein Mann für zwanzig Nonnen ... Mir scheint, so etwas kann einen schon zugrunde richten.

Sie kennen kaum, verehrter Freund, die Weiber-Republiken, in denen die Äbtissin so etwas wie der Doge ist. Die meisten Mädchen, aus denen sie sich zusammensetzen, wurden gegen ihren Willen in die himmlische Heerschar eingereiht; sie wurden zu Gattinnen eines immateriellen Wesens gemacht, und der Reiz der Kontemplation hat die *Körperlich-*

keit in ihnen mitnichten zerstört. In der Jugend resultiert daraus eine Revolte des fleischlichen Geistes, ein Streit zwischen Sinnlichkeit und Verstand, zwischen Schöpfer und Geschöpf, in dem die menschliche Schwachheit of gezwungen ist, sich wie Pontius Pilatus *die Hände in Unschuld zu waschen.* All das täuscht nur über Leidenschaften hinweg, verwirrt die Begierde, um sie um so stärker lodern zu lassen ... Von da kommen Nervosität und Krämpfe und so weiter. Im Alter ist man dann ein zänkisches, sauertöpfisches, keifendes Weib geworden. Und wiederum dadurch entstehen all die Inspirationen, Erscheinungen und Verrücktheiten, für die die einen verbrannt und die anderen heiliggesprochen werden ... Dabei ist das alles andere als ein ernstes Problem.

Man kann nicht immerzu frömmeln; man muß auch mal fluchen, seinen Nächsten an den Hörnern nehmen: zu seinem eigenen Wohl und zum noch größeren Gottes. Vor allem die Religionen sind hierfür ein großes Feld. Gibt es ihrer zwei, wird der Schoß geteilt, und jede Partei haßt geflissentlich ihren Gegner von ganzem Herzen; bei nur einer herrschen Eifersucht, Rivalität, Wut.

»Was, wegen eines alten Mönches?«

»Jawohl, wegen eines alten Mönches.«

Denn trotz seines Affengesichtes ist er aus demselben Holz geschnitzt wie sie; man frißt sich seinetwegen auf, verschlingt einander, vergiftet sich ... Letztlich, mein Lieber, genießt man in diesen Zufluchtsorten des Friedens und der Unschuld das Paradies nur dank den Annehmlichkeiten der Hölle.

Was nützte es, wenn ich die Liebesabenteuer mit den Gärtnern beschriebe? Die Schliche, um den Geliebten hereinzulassen? Die despotischen Schikanen, die alte Oberinnen an den armen Kindern begehen, die ihnen anvertraut wurden? Was käme dabei heraus, wenn ich dir von tausenderlei Begebenheiten erzählen würde, die einem Aretino zukämen? Ich würde dich nur erschrecken mit der Verderbtheit dieser Jungfrauen, denen sie sich an dieser Stätte, die der Tugend geweiht und dem Laster anheimgefallen ist, bis zu dem Augenblick hingeben, da man sie vermählt.

Und würde es vielleicht etwas nützen, wenn ich dir die Szenen der Verzweiflung, die sich still und im Geheimen abspielen, schilderte? Die Intrigen, den Verrat, die Verschwörungen, all das, was notwendigerweise aus Zwang, Liebedienerei und Roheit resultiert? Nein, du würdest mich der Böswilligkeit zeihen ... In Wahrheit hätte ich manchen Anlaß dazu.

Schon liefen Gerüchte um, daß sich der Rat der Oberinnen versammelt habe; man munkelte über die Äbtissin, diese verlange – vielleicht zu absolut –, daß man ihren Geschmack und ihr Vergnügen respektiere. Dadurch behindern die ehrwürdigen Mütter, unaufhörlich die Ohren aufgesperrt, mein eigenes Vergnügen. Alles, was jung ist, wird streng observiert und wagt nicht mehr, sich meiner Geschäftigkeit anheimzugeben; ich werde gewahr, daß mich diese alten Sünderinnen als Sündenbock ansehen. Der Bischof steckte dahinter, aber heimlich, denn ich hatte Ehrwürden gedroht, ihn durch meine Diener grün und blau schlagen zu lassen, wenn er nicht sechs Monate vom Priesterseminar befreit sein wollte; anonyme Briefe über kleine Sünden der Priester waren im Umlauf. Die Äbtissin behielt klaren Kopf bei dem Unwetter; ich wurde ihr noch lieber, da sie fürchtete, mich zu verlieren ... Aber ach, die Würfel waren gefallen. Man hatte sich bei dem Erzbischof beklagt, der dumm war, einen breiten Hut trug und Haare so fad wie sein Gesicht und unter seinem scheinheiligen, doppelzüngigen Wesen eine verräterische Krämerseele verbarg; seine Antwort war niederschmetternd, er kündigte sein Kommen an, *um in einem Hause, in welches der Geist Belials gedrungen, die Ordnung wiederherzustellen* ... Ich wollte auf ihn warten: aber meine liebe Äbtissin gab mir zu verstehen, daß ich sie verlieren würde, und so reiste ich ab, mit Geld und süßen Erinnerungen beladen.

·

Seit sechs Wochen hatte ich meine Leute nicht gesehen, und ich fand sie recht beleibt vor, was sie den Pförtnerinnen verdankten; ich schaute zu den Glockentürmen zurück, wo ich manch tränendes

Auge zurückließ ... Sie verloren sich in den Lüften wie mein Bedauern.

Ich reiste nur durch Paris, um alle Geschenke, mit denen ich überhäuft worden war, dort abzuladen, und brach nach der Pikardie auf, um in der Provinz die schöne Jahreszeit zu beschließen. Erwarten Sie nicht, mein Freund, daß ich in irgendeine Stadt gehe; nein, ich habe sie früher besucht, und meine Neugier ist befriedigt; ich habe dort die gleichen Laster angetroffen wie in der Hauptstadt, allerdings mit dem Unterschied, daß sie lächerlicher und weniger liebenswürdig sind. Zum Beispiel gibt es da einen auserwählten Stadtrat, der sich der Gravität eines Kanzlers erfreut, Pflasterhuldigungen sind seine Welt. In der Gesellschaft wetteifert man darum, seine Partei zu ergreifen; er lächelt den Frauen zu, verachtet die Männer, spottet, greift durch, entscheidet ... Er will ein Mann von Welt sein, ist jedoch nur ein Dummkopf.

Hier ist es der Herr Salzsteuer-Eintreiber oder irgendein Herr von der Verwaltung, der sich als General gibt, alle Welt *mein Freund* tituliert, mit seinem Koch angibt, den Jovialen spielt, dröhnend lacht, seine Nachbarn in die Seiten boxt, angebliche Hofneuigkeiten ausstreut, wobei er mit seiner Protektion bei den Kammerdienern eines Ministers prahlt, die er Sekretäre nennt.

Man sieht die Händlersfrau – ganz wie in Paris – in Diamanten fast ebensoviel an Vermögen auf dem

Kopf tragen, wie ihr Mann in seinem Geschäft stecken hat; dazu ist sie stark geschminkt, trägt Federn auf dem Hut, sagt *Daube* statt *Taube* und verschluckt beim Reden die Endungen.

Man sieht Preziöse und Frömmlerinnen und Hochmütige, und allesamt sind sie Huren wie bei mir zu Haus. Man sieht also, was zu sehen ich müde geworden bin und in Langeweile endet ... Demzufolge werde ich in den ländlichen Gegenden die Natur beim Wort nehmen, irgendein Schloß ausplündern und irgendeiner Dame mit breitem und federndem Hinterteil den Triemel ausschleimen.

Einer meiner Freunde, bei dem ich eintreffe, hält üppig Hof; er hat eine superbe Jagd mit ausgedehnten Rechten; sein Haus ist alt; er sieht in ihm würdevoll auf Ordnung; seine Frau ist schön gewesen; sie scheint es auch jetzt noch zu sein ... Doch ist es eher ein Paar wie Philemon und Baucis. Glauben Sie aber nicht, sie sei eine Frömmlerin; nein, Frohsinn liegt ihr; sie ist empfänglich für galante Verse, weil sie sie zu erwidern weiß; eine gelassene Heiterkeit, die ihren Charakter ausmacht, läßt sie zur guten Seele jeder Gesellschaft werden; sie flößt Gefühl und Respekt ein ... Bei meiner Ehre, da haben Sie ein treffendes Bild von ihr, und Sie wissen, daß ich kein Lobhudler bin; sie ist zu bescheiden, um mich zu lesen; aber zumindest ihr Gatte mag als Beweis dienen, daß ich in Villers das gefunden habe, was ich vergeblich an vielerlei

LUD.XVI.D
Ma conversion ou

Orten suchte: die Vereinigung von Talent und Tugend.

Die Gesellschaft, die sich im Schloß versammelte, bot mir bald Gelegenheit, mich aus demselben zu entfernen; doch ging ich in ihm ein und aus, und so fand ich mich denn auch unfreiwillig bei einer Szene in einer Rolle, die mich Eifersüchtige ernst nehmen und sie fürchten ließ und mich eher als gedacht zu bequemeren Gatten zurückführte. Diese eigenartige Szene will ich wegen der Seltenheit dieser Geschichte erzählen.

Monsieur und Madame von Obricourt lebten sehr einträchtig miteinander: keinerlei Verdacht quälte den Gatten. Dennoch hatte Madame ein Verhältnis, betrog Monsieur und, was viel schlimmer war, machte sich mit ihrem Liebhaber über ihn lustig. Eine Unvorsichtigkeit riß den Gatten aus dessen Ruhe: Jedermann im Hause war auf der Jagd, ich allein war mit Madame zurückgeblieben. Sie sucht ihr Boudoir auf, um etwas aufzuschreiben, ich nehme mir ein Buch und warte im Salon auf sie. Plötzlich kommt sie mit einem Brief in der Hand aus ihrem Zimmer, gefolgt von ihrem Mann, der – ich weiß nicht, wieso und woher – zurückgekommen ist.

»Ach, mein Herr«, sagt sie zu ihm, »was haben Sie denn nur? Sie sind so blaß, daß ich es mit der Angst zu tun bekomme ...«

Er blickt in den Spiegel. Zu ihrem Pech gibt mich der Spiegel in voller Lebensgröße wieder, und so sieht ihr Mann nur zu deutlich, daß sie mir rasch einen Brief zusteckt, den ich in der Eile so gut es geht verbergen will. Eifersucht macht den Mann kopflos. Er hat seine Flinte in der Hand; er legt auf mich an und sagt wutentbrannt zu mir: »Den Brief oder du bist ein toter Mann!«

»Sie sind wahnsinnig«, sage ich zu ihm, »selbst wenn ich ihn hätte, würde er Ihnen nur aus strafbarer Dummheit ausgehändigt werden können; bedenken Sie, dieses Schreiben ist nicht für Sie bestimmt, und Sie sollten sich hüten, es sehen zu wollen.«

»Keine Ratschläge! Den Brief oder drei Löcher in den Bauch!«

Ich wollte wegen der Dame nichts riskieren und nicht für die Repressalien des Gatten herhalten ... Ich stehe auf, halte ihm den Brief hin und stoße die Dame, die so schockiert ist, daß sie sich nicht von der Stelle rührt, in ihr Kabinett.

Die Lektüre ließ ihn mehr wissen, als er gewollt hätte; ihm war unzweideutig klar, daß er zu den Rittern der Gehörnten gehörte. Trotz des äußeren Phlegmas war er ein sehr aufbrausender Mensch. Im Handumdrehen stand sein Entschluß fest; er bat mich um Diskretion. Die Jäger kamen zurück, man bemerkte nichts; er bedachte seine Gattin im Gespräch mit den liebevollsten Worten ... Ich erholte mich kaum wieder von meinem Staunen.

Allerdings mochte ich beherrschte Wut noch nie,

und Sie werden gleich sehen, wie recht ich hatte mit meinen Befürchtungen. Überall, wo Monsieur Madame allein antraf, benutzte er Stühle und Sessel als Waffen, um sie zu verprügeln. Kehrte man in den Salon zurück ... *Mein Herzchen, mein Liebchen, mein Engelchen* ... Da seine ehrsame Hälfte sich aber mitnichten an dieses Spiel gewöhnen konnte und sie auch nicht auf den Kopf gefallen war und es ihr nicht an Einfällen mangelte, versteckte sie uns – drei Frauen mit ihren Freunden und mich als vierten Mann – eines schönen Morgens in ihrem Schlafzimmer. Monsieur erschien und begann sie windelweich zu prügeln ... Bei ihrem Geschrei stürzten wir hervor, und da sich die Frauen nach besten Kräften unterstützten, überlasse ich es Ihnen, sich auszumalen, wie die Szene endete. Man bestieg auf der Stelle eine Kutsche und brachte Madame zu der Mutter ihres Gatten. Diese Mutter, eine alte Jansenistin, hatte eine unerklärliche Schwäche für ihre Schwiegertochter und sehr wenig für Monsieur, ihren Sohn, übrig, da er nicht die Ehre hatte, gleicher Ansicht wie sie selbst zu sein.

Eingedenk dessen hatte die kleine Teufelin ihren Plan gebaut.

»Maman«, sagte sie, »ich bin gekommen, um mich in Ihre Arme zu werfen. Seit einem Jahr leide ich bei meinem Mann Höllenqualen; ich muß es Ihnen gestehen; ich bin das, was man eine Jansenistin nennt; ständig mißhandelt er mich, und schließlich hat er mir sogar einen Brief weggenommen, den ich an einen frommen Priester geschrieben hatte, der mir bei meinen guten Vorsätzen Beistand und Hilfe ist. Da ich ganz offen zu meinem geistigen Führer spreche, haben die Klagen, die ich vorzubringen hatte, meinen Mann aufgebracht; er hat die Kühnheit besessen, mich eines verbrecherischen Vergehens zu bezichtigen. Seit diesem unglücklichen Tag prügelt er mich insgeheim und treibt die Scheinheiligkeit so weit, mich in der Öffentlichkeit zu herzen und zu kosen. Diese drei Damen sind Zeugen, vier Ehrenmänner sind es gleichfalls; wenn Sie mich nicht retten, bin ich verloren und kann mich nur noch meiner Verzweiflung überlassen ...« (Tränen untermauerten diesen Bericht, den die Damen nur bestätigen konnten.)

»Ach, dieser Tunichtgut, dieser Elende!« erwidert die Schwiegermutter. »Meine Tochter, bleiben Sie bei mir, ich kümmere mich um Ihre Angelegenheiten ... und wenn der Unglückselige noch so dreist sein sollte.«

Doch das war noch nicht alles. Man mußte ja den Brief wiederbekommen, er war ein zu belastender Beweis. Auch davon überzeugt die junge Frau ihre Schwiegermutter; diese bittet daraufhin ihren Sohn, ihn ihr mit derselben Post zurückzuschicken, die ihm den Befehl überbringt, bei Nichtbefolgen in den nächsten vierundzwanzig Stunden enterbt zu sein ... Er kannte seine Mutter, und er erwartete vierzigtausend Pfund. Er mußte gehorchen, aber er schickte eine fulminante Erklärung mit ... Vergebliche Maßnahme! Die Alte glaubte die beste Tat der Welt zu vollbringen, wenn sie alles ihrer Schwiegertochter übergäbe (wie kann man denn auch einer Jansenistin mißtrauen?). Die will ihn ihr vorlesen, doch man heißt sie zu schweigen.

»Nun denn, meine liebe Mutter, werfen wir ihn also ins Feuer.«

»Was denn, mein Mädchen, diese Beleidigungen vernichten! Sie nehmen auf diesen Kerl viel zuviel Rücksicht.«

»Mutter, er ist Ihr Sohn und mein Mann; ich liebe ihn noch immer.«

Der wütende Monsieur Obricourt ruft mich zum Zeugen an; ich behaupte, nichts zu wissen; gewiß habe ich einen Brief erhalten, aber über den Inhalt wisse ich nichts ... Das war noch nicht alles. Es kam zur Trennung zwischen den Eheleuten, und die Mutter vermachte bei ihrem Tod der Schwiegertochter zwanzigtausend Pfund, durch die sie von ihrem Herrn Gatten unabhängig wurde.

Des Hasentreibens und Kaninchentötens überdrüssig, noch mehr allerdings vom Benehmen dieser Landedelleute gelangweilt, flüchtete ich mich an die Ufer der Somme. Dort beweist mir ein recht düsteres, tristes und häßliches Schloß, daß es seit dem dreizehnten Jahrhundert eine Herberge für Fledermäuse und Eulen der Gegend ist. Den alten Baron, der es bewohnt, beeinträchtigt so gute Gesellschaft mitnichten; sein Benehmen ist barsch, sein Antlitz stockhäßlich, sein Körper verdorrt ... Was den Geist angeht, so bewahrt ihn sein Stammbaum davor, welchen zu besitzen. Als großer Zeitungsleser und großer *Politiker* gibt er sich gegenüber seinen Dienern als *Grandseigneur;* gleich dem Pfarrer erschöpft sich seine Gelehrsamkeit darin, im Pikettspiel hundert ansagen zu können. Er ißt wenig, schläft kaum und ist eifersüchtig wie ein Tiger auf eine hübsche Person, die drei Brocken Latein *baronisiert* hatten.

Die Baronin *hätte gern, daß man ihr den Schornstein fegte,* wie es so schön im Lied heißt. Der Baron, der es nicht mehr kann, behauptet, daß er es nicht will, und so komme ich zu diesem guten Werk gerade recht ins Haus. Dazu muß ich dir noch gestehen, Bewahrer meiner Geheimnisse, daß man mir gesteckt hat, der alte Gauner habe Geld, und zwar reichlich, und die Hoffnung, ihn um einen guten Batzen davon zu erleichtern, läßt mich Ärger, Abscheu und Streit die Stirn bieten.

Der Baron empfängt mich schlecht, doch tue ich so, als fände ich das in Ordnung. Seine Frau spielt die Ehrbare, gibt sich geziert, sogar ein wenig schnippisch; bald behandelt mich daraufhin der Mann, der mich belauert, besser. Ich bringe ihm einen Stapel von Zeitungsneuigkeiten. Während er sie durchblättert, kann ich dir die Schöne beschreiben.

Eine pikante Brünette mit lebhaftem Teint, hübschen schwarzen Augen, in denen Geilheit lauert; der Mund sehr frisch, die Zähne vom Roggenbrot blendend weiß; nicht groß noch klein; gedrungen wie das Vorderteil einer Zuchtstute; ein wenig füllig die Brust, aber fest, weiß und wohlgeformt; das Hinterteil normannisch; nicht viel Bauch; der Tritt leicht, das Bein grazil wie eine Hirschkuh und der Huf reizend. All diese Verlockungen nicht älter als zwanzig, bestes Stichalter. Im übrigen ist ihr Schmuck lächerlich, ihr Gehabe linkisch, ihre Redeweise geschraubt; doch versprechen ihre Blicke genug Entschädigung, und beim Plaudern beweist sie, daß sie nur durch Einschränkung dumm ist.

Beim Essen bringe ich das Gespräch auf die Frauen, über die der Baron herzieht; ich übertreffe ihn noch, übertreibe, und er ist davon so hingerissen, daß er mich zum Dank dafür betrunken machen will. Ein Blick von mir hat der Frau bedeutet, woran wir sind (wenn es sich darum handelt, den Ehemann zu betrügen, stellt sich keine dumm an); sie tut, als ob sie verletzt wäre, und verläßt uns nach dem Dessert. Nun klagt mir der Baron sein Leid; er läßt mich wissen, daß er eine Mesalliance eingegangen sei, beichtet seine Schwäche usw. Ich stimme ihm bei und verspreche, seine Frau zur Vernunft zu bringen (das war ja, zum Teufel, mein Plan). Ab nun läßt er mir jede Freiheit; ich hatte meine Abreise für den nächsten Tag angekündigt; er bittet mich flehend, vierzehn Tage zu bleiben, und verspricht mir, für Gesellschaft zu sorgen.

»Gehen Sie, mein lieber Baron, die Ihre genügt mir; wen, um Gottes willen, wollen Sie denn einladen? Krautjunker und Rübenjungfern? Meiner Treu, Sie sind der einzige Mann von Welt, den ich in diesem Fleckchen gefunden habe.«

»Wahrhaftig«, sagt er später zu dem Herrn Pfarrer, »er hat mich mit der Jugend wieder ausgesöhnt; hat man in diesem Alter schon jemals soviel Vernunft angetroffen?«

Am selben Tag leiste ich der Baronin bei einem Spaziergang Gesellschaft. Ihr Gatte konnte aufgrund eines Katarrhs nicht der dritte sein; fast wurde er böse darüber, so sehr mußte er mich nötigen, ihm seine Hörner vorzubereiten. Ich verlor keine Zeit. Nach einigen vagen Andeutungen erklärte ich mich:

»Es wird Sie nicht beleidigen, schöne Frau, daß Sie mir leidtun. Seitdem ich hier bin, hat Ihnen mein Benehmen zu verstehen gegeben, daß ich nicht ohne einen bestimmten Grund gekommen bin. Dieser Grund dürfte Ihnen gefallen; ich liebe Sie, ich wünsche, daß Sie mich wiederlieben. Wenn ich Ihnen angenehm bin, dann tun wir's zusammen. Rächen Sie sich an diesem Flegel, der Sie tyrannisiert; ich biete Ihnen Trost, Beistand, Vergnügen und ein Herz, dessen Empfindungen ich standhaft beweisen werde ... Ihre Antwort, schöne Baronin, wird über mein Los entscheiden. Der Tatbestand des Aufseufzens enthebt Sie einer Unentschlossenheit, die uns beiden zum Nachteil ist. Sollte ich das Unglück haben, Ihnen zu mißfallen, so reise ich sofort ab ...«

»Aber so brüskiert man doch nicht eine Frau mit Eigenschaften, zum Teufel!«

»Natürlich nicht: ich werde den perfekten Liebhaber spielen! Lernst du denn nie dazu? Sie ist da weniger dumm als du, denn nach einigen vorbereitenden Artigkeiten nimmt sie meinen Vorschlag an, und wir besiegeln das ganze mit einem Kuß. Dann trifft sie sofort Anstalten, um mit mir zu schlafen, was ihr übrigens viel leichter fällt, als mit mir zu reden.«

Hast du jemals ländliche Sinnlichkeit genossen? Das ist wie mit einem schlafenden Tier. Das kennt weder Kreiseln noch Wippen. Das kann nichts weiter, als seinen kleinen Bügelbrettschöckel machen ... Und was die aufgeilenden Worte betrifft, *so sind das für jene grobschlächtigen Schönheiten geheimnisvolle chemische Formeln.* Aber dafür entlädt man sich wie ein Stier ... Himmelherrgottnochmal! Ich war ein einziger Samenerguß, und nirgends so ein verdammtes Bidet. Als machte ich's wie der Teufel ... »Entschuldigen Sie, aber das hat der Pfarrer verboten.«

»Aber Madame, wenn dieser Kerl den Mund davon voll hätte, glauben Sie nicht, daß er sich ihn waschen würde?«

»Ach«, sagt sie, »das führt zu neuerlicher Versuchung« (als ob Skrupel jetzt noch angebracht wären).

Ha, zum Henker! Wasch ihn nur, wenn ich auf den Feind treffe, blase ich ihn weg.

Ich zwinge sie wieder in die Sielen; eine Stunde lang bringe ich sie zum Schwitzen. Windhundjagd, Schubkarre, amerikanisch, holländisch ... heiliger Pimmel, ich sage dir, sie sah vielleicht die Stengelein schwingen. Das glückliche Naturell! Zwei Stunden später kletterte sie mir schon ganz von selbst auf den Leib. Schließlich trennten wir uns mit dem Versprechen, uns am Abend unbeschadet des gemeinsam verbrachten Tages wiederzusehen und unsere Rollen mit Leben zu erfüllen.

Der Baron wiegte sich in absoluter Sicherheit, die ich durch den Ton im Umgang mit seiner Frau noch zu verstärken verstand. Sie genoß Augenblicke höchster Wonne und gab mir mehr Geld, als ich von einer Frau aus der Provinz erwarten durfte.

»Aber woher hatte sie es denn?«

»Woher? Nun, die Sache ist einfach. Die Ehemänner auf dem Lande bewilligen ihren Frauen nicht extra Wirtschaftsgeld. Und der unsere war, obwohl eifersüchtig und gefühlsarm, immerhin verliebt; Madame hatte somit, wie er auch, den Schlüssel zum Tresor. Der kleine Schlaukopf entnahm aus drei bis vier Säcken – wodurch man keinen Verlust feststellen konnte – zweihundert Louis, die ich natürlich gern als Reisekosten akzeptierte. Da mein Vertrag auslief, zog ich mich zurück: im besten Einvernehmen mit dem Baron, den ich gehörnt und glückselig zurückließ, und in noch besserem mit seiner Frau, die dicke Tränen weinte, aber die Unerbittlichkeit des Schicksals riß mich aus ihren Armen, und ich reiste ab.

Mein letzter Ausflug auf dem Lande führte mich nach Salency, wo ich gerade recht zum Fest der Rosenmädchen ankam; die rührende Schlichtheit dieses Schauspiels – gedacht zur Erbauung von Tugend und Unschuld – erfüllt gerade die Seele von uns Wüstlingen mit einer Rührung, der man sich nicht entziehen kann ... Sublime Wirkung weiser Gedankengänge und heilsamen Aufruhrs, die mich durchströmten ...! Kaum hatte ich diejenige erblickt, der man die Rose zuerkennen wollte, so ergriff mich schon unbändige Lust, sie zu entblättern. Das Bauerntrampelchen war sechzehn, naiv, empfindsam und hübsch. Ihr allein erkenne ich den Preis der Liebe zu, denn sie liebte mich um meiner selbst willen (und um nichts hätte ich ihre Gunst erkaufen wollen), und vielleicht genoß ich zum erstenmal ein so süßes Vergnügen ... So lange schon hatte ich nichts für mein Herz getan!

»Aha, also warst du an den Ufern der Lignon?«

»Du verabscheust die Schlichtheit und möchtest nicht, daß ich dich mit faden Gefühlen anöde ... Zum Henker! Kann ich denn nicht einen Augenblick in den Armen der Unschuld Entspannung finden? Wie hübsch dieses Kind ist! Ihr brauner Teint, der flammend rot wird, wenn ich mich ihr nähere; ihre anrührenden Augen, die zu mir emporzurichten ich sie zwinge ... Ihr natürlicher Mund empfängt und gibt den Kuß mit jener unschuldigen Ungestümheit wieder, die ich stets neu zu entfachen weiß. Sie hat nur die Beredsamkeit der Natur; aber wie vital sie ist, da noch nicht korrumpiert! Wir sprechen wenig, wir handeln um so mehr. Leg deine Hand an ihr Mieder. Nun! Hast du derartige Busen schon oft gekost? Wie proportioniert, weiß, fest, elastisch er ist! Willst du, daß ich dir ihren Alabasterleib entdecke? Ihrer ist nicht durch Fischbeinstäbe und Schnürleibchen à la anglaise entstellt ... So sehen die Maße der Venus von Medici aus. Wie anschmiegsam und weich für das Auge ihre Konturen sind! Welche Frische der Haut, welche reinen Farben! Steht er dir schon? Was für ein Genuß ... Ihr erster Schrei war: *Oh, wie tut das weh ...* der zweite: *Oh, wie tut das wohl ...* Und wie sich der hübsche kleine Popo mit dem unschätzbaren Vorteil dörflicher Erziehung bewegte; sie ist weder erschöpft noch nervös. Ihre kräftige Lende belebt sich unter mir: bald gibt sie mir Stoß um Stoß zurück; sie braucht keine Schläge auf die Flanken, um ohnmächtig zu werden; doch wenn sie kommt, dann ist jede Faser in ihr in Erregung, selbst ihr Spasmus ist voller Leben. Schon werden ihre Liebkosungen energischer; sie wagt es, eine noch gelenkigere Zunge gegen meine zu drükken ... Alle Orte sind für uns Opferstätten der Liebe, die Ebene bei Sonnenuntergang, der Hain gegen Mittag, die Wiese am Morgen. Ohne sich hinter vorgetäuschter Scham zu verbergen, spricht sie über ihre Begierden; sie weiß, daß sie unschuldig sind und ich ihr Vergnügen teile, sie zu stillen.

»Liebste Nanette«, sage ich eines Tages zu ihr, »der Ruf der Rose war wohl doch zu stark in dir, um an Liebe und Zärtlichkeit zu denken.«

»Nun«, antwortet sie mir, »wenn ich vernünftig war, so nur, weil ich nicht daran dachte; ich war ganz ruhig, all unsere Burschen machten keinen Eindruck auf mich.«

»Aber dein Herz, Nanette?«

»Ach, das habt Ihr erst sprechen gelehrt«. (Ich umarme sie.)

»Du würdest mir also auf jeden Fall deine Ehre geopfert haben?«

»Na, mein Gott, seid Ihr denn nicht mehr wert als eine Rose? Dafür hätte ich sie nicht bewahrt.«

»Wie, wie, du kleiner Schelm!«

»Ba, wenn man vor den Notabeln steht und halbwegs hübsch ist, dann schauen sie nicht so genau hin.« (Na, was sagst du nun? Taugt der bäurische Areopag etwa mehr als der athenische?) »Nehmt nur meine Cousine Nicole ... Oh, wie sie Michaut liebte! Sie waren wie zwei glühende Kohlen, und sie gingen wie wir ins Holz, und meine Cousine erzählte mir, wieviel Spaß sie dabei hatten ...« (Sie errötet, der Schlingel.)

»Ja, und?«

»Ja, und sie erhielt letztes Jahr die Rose. Man muß sich dabei eben nur in acht nehmen. Was man nicht weiß, macht einen nicht heiß.«

»Aber du, du wußtest es doch?«

»Oh, ich ... ich habe meine Cousine viel zu lieb; und dann hat sie ja auch versprochen, mir alles beizubringen, wenn ich die Rose gewonnen hätte ...«

Eilt herbei, all ihr Enthusiasten! Kommt schon, ihr Tugendwächter und Bewahrer von Jungfernschaften! O heiliger Médard! Was faselte Euer Ehrwürden, als er diese Rose stiftete, der Teufel soll mich holen. Was! Schlichte Bauernmädchen von fünfzehn verstehen schon zu betrügen? Ein verhextes Geschlecht, überall das gleiche; und wenn nicht die Schlange Eva versucht hätte, würde die ihr von sich aus das süße Geschäft vorgeschlagen haben.

Was für Gehässigkeiten im ländlichen Einerlei, wo gemeinhin Frieden herrschen sollte! Was? Die Mütter lehren ihre Kinder Denunziation, Verleumdung und üble Nachrede! Schöne Tugendlehren! Damit ein Mädchen ein anderes beschuldigt, möchte sie schon wissen, ob es schlecht ist, sich von einem Burschen küssen zu lassen ... Und die Unschuld! Glaubt man wirklich, eine heranwachsende Frau vergäße jemals, daß ihr eine andere – vielleicht gar ungerechtfertigt – die Rose streitig gemacht habe?

Ergreifen die Eltern nicht Partei im Streit ihrer Kinder? Die Richter ...? Man hat gesehen, wie unparteiisch sie sind. Und außerdem, wer sagt, daß sich die Rosenkönigin nach ihrem Triumphtag nicht einem robusten Landmann hingibt, um nicht als hochmütig verschrien zu sein? Sind Nanette und ich wirklich ein Phänomen? Eine schöne Einrichtung, die den Mädchen bis zum sechzehnten oder achtzehnten Lebensjahr ihre Jungfernschaft erhalten soll! Als ob man es nur in diesem Alter mit ihnen triebe! Ich jedenfalls verführte in Salency genausoviel Bäuerinnen wie anderswo auch, lassen Sie sich das gesagt sein, meine Herren Liebhaber und dummen Nachahmer, die jeden Tag mehr überhandnehmen.

Es war vonnöten, diesen hübschen Platz zu verlassen. Ich kehrte nach Villiers zurück, und bald darauf nach Paris. Bei Gott, die Luft, die man dort atmet, hat heilsame Wirkung. Am Stadttor überfällt mich wieder meine Ruchlosigkeit.

Teufel auch! Auf dem Lande setzt man Rost an: dort redet man nur von Sitte, Anstand, Tugend, Ehre. Man trifft auf ehrenwerte Frauen: die Leute hätten mich verdorben ... Ha, dafür leben die großen Wasserspiele! Ich kann es gar nicht fassen vor Freude. Wie viele ich noch übers Ohr hauen werde! Wieviel Geld ich noch anhäufe! Wieviel Fickerchen ich noch tätigen werde! Aber wo sind meine Opfertiere? Bei Gott, ich will einen Akt der Gerechtigkeit zelebrieren: Ich werde unsere Schwestern von der Oper entblättern ... Unter uns gesagt: da hätte ich Geld und Vergnügen auf einmal ... Und dann ist das nur Wiedergutmachung und fair: plündern wir, was uns bestiehlt, und ficken wir, was uns fickt.

Von diesem edelmütigen Eifer angetan, eile ich zur Oper; in drei Monaten hat sich einiges verändert, und ich muß mich erst wieder zurechtfinden auf dem Stutenmarkt ... All die Nymphchen umringen mich, küssen, befummeln, ersticken mich; ich rispostiere nach links und rechts, grapsche nach Popos und Brüsten.

»Mein Gott, wo kommst du nur her?«

»Vom Mond.«

»Nein, vom Merkur.«

»Man hat dich bereits totgesagt: von Wölfen aufgefressen, kastriert oder konvertiert, was wohl so ziemlich das gleiche ist.«

»Um zu konvertieren, muß man konvenieren ...« (Ich mache mich ein wenig frei, um eine reizende Tänzerin anzusprechen.) ... »Guten Tag, Mimi.«

»Hm, ich bin verärgert.«

»Na, dann laß uns Frieden schließen; ich schenke dir meinen ersten Stoß.«

»Nein, ich liebe den, der mich aushält.«

»He ... zum Teufel, du machst dich über mich lustig; Formsache, verstehe; du hältst mich doch nicht für einen Schlappschwanz?«

»Ich bin treu.«

»Zum Teufel, wer spricht denn von Untreue? Los schon, morgen schlafen wir zusammen.« (Sie lacht.)

»Aber wenn er es erfährt?«

»Bist du so dumm geworden?«

»Er ist alt und eifersüchtig.«

»Zwei Gründe mehr, ihn zu betrügen.«

»Er ist ein großer Herr.«

»Nun, das macht ihn noch dümmer ... Hör mal, einmal um die Uhr, wenn du magst, oder ich treib's mit Rosette.«

Dieser Grund war ausschlaggebend; sie willigt ein; ich gehe indes zu einem Finanzier soupieren, der zwanzig Herren mit erlauchtem Namen und schlechtem Betragen, sowie fünfzehn Mädchen, die letzteres noch steigern, eingeladen hat.

»Herrgott nochmal, immer wirst du rückfällig! Pfui über dich, wie oft hast du mir versprochen, dich von solchen Kreaturen fernzuhalten!«

»Sachte, sachte, ich halte doch Wort; nicht aus Neigung, sondern rein absichtlich bin ich dorthin gegangen. Ist das kein Verzicht? Ich muß Geld haben und diese Blutsauger bluten lassen.«

»Aber das Gewerbe ist unehrenhaft.«

»So lernen Sie denn, Herr Geilschwatz, daß kein Gewerbe, welches seinen Herrn ernährt, unehrenhaft ist, und Frankreichs größte Namen Ruhm und Glück aus dem Arsch einer Hure ziehen ... Ha! Verdanken diese Dirnen nicht alles uns? Wer hat sie denn in der feinen Kunst der Niedertracht, des Ver-

LUD.XVI.D
Ma conversion ou

rats, der Heimtücke ausgebildet, wenn nicht wir Hofleute! Wir verführen ein Mädchen; wir lassen nichts aus: die Sucht, sich zu vergnügen, Koketterie, Eitelkeit; wir entführen sie von zu Hause, weil der Vater so etwas schlecht fände; er ist ein Tölpel, den man nach Bicêtre schaffen sollte. Aber nein, eine weise Einrichtung macht es doch möglich, daß man jene zarten Pflänzchen der väterlichen Tyrannei entreißt: man nimmt sie in der *Musikakademie* auf; nun können sie ungeniert das freche Köpfchen heben und geradewegs dem Laster und der Unzucht unter den Farben von Luxus und Opulenz freien Lauf lassen. Ihr Herz ist noch unverdorben. Was für Genuß es uns dadurch verschafft! Es zu verderben ist uns das angenehmste Spiel: da man alle Talente eines liebenswürdigen Mannes besitzt, gilt es, von ihnen Gebrauch zu machen. Zum Teufel, welchen Nutzen man von so einem Zierpüppchen, das sich mit seiner Tugend brüstet, beim Souper hat! Alle Raffinesse läßt sich solch jungen Seelchen noch einflößen, sei es nun Sinnenrausch oder Geilheit; und die schmutzigsten Reden bereiten die ausschweifendsten Handlungen vor ... Das nenn' ich eine Gelegenheit. Man beklatscht die Schülerin, jeder scharwenzelt um sie herum, vergöttert sie, reißt sich um sie und hebt den Meister in den Himmel.

Aber das sind vorerst nur Äußerlichkeiten; das Aufwallen der Sinne, der verräterischen Säfte kann auch von anderen angeregt werden; und wenn bloß das ihr Vorteil wäre, so unterschiede sie sich kaum. Meine verfehlte Ausbildung würde dann kein Lob verdienen. Ich will alle Keime von Tugend, die vielleicht noch einmal sprießen könnten, ausmerzen, jede Vorstellung von Empfindsamkeit zerstören; wenn möglich die Verderbtheit ihrer Abstammung steigern, auf daß sie eine erbarmungslose Spitzbübin und Beutelschneiderin werde; ihr Herz soll gieriger werden als ihre Hände ... unempfindsam gegenüber der Liebe, aber von Launen beherrscht, kennt sie vom Genuß nur die zügellose Begierde und das grobschlächtige Vergnügen; ihr Geschmack trägt das Schandmal ihres Charakters; je unwürdiger ein Sterblicher ist, desto bevorzugter wird er von ihr empfangen. Nie kann sie dankbar sein; als gefährliche Sirene charmiert sie nur, um zu verschlingen. Desgleichen trachte ich, daß ihre vollendete und ihrem Geschlecht so eigene Kunst der Verstellung von mir gesteigert und zum Schleier so vieler Vorzüge wird; dem Reiz eines verführerischen Gesichts soll das anziehendste Äußere entsprechen; ihr Geschick soll die Wunde vergrößern, die ihr Auge gerissen hat. In ihre Seele will ich die ganze Ruchlosigkeit der meinen pflanzen; ich will, daß sie bis in diese Augenblicke hinein, da man ohne Verteidigung ist, zu täuschen versteht; schließlich will ich ihr zu guter Letzt eine Frau vom Hofe beschaffen, die ihr zu mehr Dezenz in der Öffentlichkeit rät. Dann mag sie bald auf eigenen Schwingen gleiten und Söhne aus guter Familie der Fürsorge ihrer Väter und der Umarmung ihrer tränenüberströmten Mütter entreißen; sie zu Schandtaten anhalten, die sie so geschickt begehen, daß sie nie in sie verwickelt werden. Sie soll imstande sein, den Händler, den seine Geschäfte, seine Redlichkeit, sein Reichtum zu einer geachteten Person machten, an den Bettelstab zu bringen; der Mann wird ihr alle Mittel opfern, die seine Frau und Kinder zum Leben brauchen; sie ist die Ursache von Ruin, Trauer, vielleicht sogar Seelenqualen ... Und wir lachen gemeinsam darüber; wir teilen die Beute und verhöhnen die Dummen, die in unsere Netze gegangen sind ... Aber nun genug des Berichtens.

Ich glaubte mit Mimi zu schlafen; aber ein anderes Vergnügen hat das unsere gestört, und das war weiblich (denn das Mensch handhabt beide Metiers). Um mich ein wenig dafür zu entschädigen, machte sie mich zum Zeugen der feierlichen Mysterien der großen Göttin.

Stellen Sie sich einen gut ausgestatteten und beleuchteten Salon vor, dessen Türen geschlossen sind; dreißig Frauen (unter ihnen erlesene Namen), junge und alte, haben sich splitternackt ausgezogen. Beim ersten Augenschein sind sie allerliebst. Was für Schätze boten sich da meinen Augen! Die eine, rund und drall, enthüllt eine üppige Brust; die andere ähnelt in ihrer sinnlichen Hingabe und ihrer blonden Haarflut der Venus von Tizian. Eine dritte, schlank und grazil, sieht in ihrem hübschen Mieder wie eine Nymphe aus ... Aber was sehe ich auf ein bestimmtes Signal? Man umschlingt einander: die erste Übung besteht in einer allgemeinen Kitzlerei (Votztausend! Ich reibe meinen Schwengel natürlich auch, und es sollte nicht zum letztenmal sein). Plötzlich erhitzt sich die Szene; die Geilheit entlädt sich in tausenderlei Art; das Geräusch von Küssen, seufzendes Stöhnen, unterbrochenes Wimmern greift um sich ... Schon ächzen die Sofas, zärtliche Tränen rinnen, wollüstiges Erbeben packt sie; sie vergehen, treiben auf den peitschenden Wellen der Erregung.

Was für ein Bild! Wie kann ich dir dreißig Frauen beschreiben, denen es kommt! Ich habe versäumt, das Fenster einzuschlagen, das mich verbirgt, und in den Saal zu springen ... Plötzlich kommen sie alle wieder zu sich ... Was sehe ich? Sind das etwa Satyre? Aber nein, jetzt erkenne ich es: es ist meine liebe Vit-au-Conas mit ihrem Gemächt. Drei andere, steil aufragend gegürtet wie sie, werfen sich auf unsere jungen Popochen und passieren der Reihe nach das ganze Serail. *Knochen ohne Mark, verehrte Fellationes, Knochen ohne Mark*, rufe ich ihnen zu, *lauter Pappmaché, oder der Teufel soll mich holen* ... Doch niemand hört mich, außer jener armen Witwe *Wichs*, die mir schließlich zu Hilfe kommt.

Als die zweite Runde beendet ist, beginnt die Orgie, und bald fließt der Champagner in Strömen. Trunkenheit greift um sich; meine Tribaden werden zu wahren Bacchantinnen. Sieh nur die beiden, die verkehrt herum aufeinander liegen und flink die Zungen spielen lassen; sieh diese Gruppe, die auf tausend Arten ineinanderkriecht; ein wenig weiter weg beschäftigt allein die Vit-au-Conas sechs ihrer Gespielinnen; langgestreckt liegt sie auf einem Sofa; ihre Zunge steckt in der Pudelhaube der ersten, die auf ihrem Kopf hockt und ihr das Gesicht tränkt, dabei knetet sie ihr den Busen; sie selbst reibt mit beiden Händen kräftig rechts und links; eine vierte reitet auf ihr und wird von ihrer Gürtelrute durchbohrt; eine fünfte kniet vor ihr, den Kopf zwischen ihren Beinen und schleckt sie aus Leibeskräften; die sechste schließlich schiebt ihr einen Lustknochen, der sogar eine Vorrichtung zum Spritzen hat, in den Hintern ... Plötzlich Schreie, Flüche, das Vergnügen wird zur Raserei; ihre Gesichtszüge erstarren; sie kennen einander nicht mehr; sie schlagen sich; ihre malträtierten Brüste glänzen bleich und zucken; ihr Haar schleift am Boden ... Aber ach! Ihre Kraft hält mit ihrer Ekstase nicht Schritt; erschöpft sinken sie auf den Teppich, den sie mit Blut, mit Wein, mit Erbrochenem besudeln ... Verwirrt und schreckensstarr flüchte ich mich aus diesem infernalischen Durcheinander und schwöre mir Stein und Bein, mein Leben lang keinen Fuß mehr in solch eine Lasterhöhle zu setzen.

Gehalten, nach diesem geschmacklosen Schauspiel allein zu schlafen, geht mir dasselbe doch noch im Kopf herum ... Bei Gott, alles in allem war das nur eine Verwerflichkeit mehr; schließlich waren die Darstellerinnen Damen des königlichen Hofes, was, zum Teufel, wundert mich daran eigentlich? Ich entscheide mich schließlich, beim Aufwachen zu lachen und mich aus christlicher Barmherzigkeit darüber lustig zu machen. Abends begebe ich mich zu Mimi; um elf komme ich zu ihr und benehme mich wie ein Mensch, der erwartet wird; ich treffe sie schlafend an; ich entkleide mich; ein wenig überrascht ist sie schon, doch mein Streicheln verscheucht dies, und diese Laïs, die ihr Gewerbe wenigstens offen und wohlwollend ausübt, beschert mir einen sehr lebhaften, sehr angenehmen und sehr abwechslungsreichen Genuß. Du weißt, was eine neue Frucht bedeutet? Zum Teufel! Seit einem Jahr bin ich auf Diät. Kaum hatte ich Zeit, meine zwölf Pöstchen abzulaufen; und bei meiner Kopuliererehre, sie brauchte nicht einmal Hilfestellung zu leisten, das Kloster hatte mich wieder zu Kräften kommen lassen. Von Zeit zu Zeit wurde ich jedoch durch ein Geräusch hinter der Wand des Alkovens gestört.

»Zum Teufel, deine Katze ist eingesperrt.«

»Aber nein.«

»Entschuldige, ich sage dir doch, daß ich sie kratzen höre.«

»Na schön, dann laß sie in Frieden.«

»Wie du willst.«

Wir hatten wahrhaftig kaum Zeit, uns zu langweilen. Gegen acht Uhr erhob ich mich, um meine Angebetete weiter schlafen zu lassen; ich befand mich noch in ihrem Ankleidezimmer, als ich plötzlich ein unterdrücktes Lachen vernehme. Ich eile herbei und finde den Chevalier von +++, einen Stutzer, den Beau des Hofes, wie den heiligen Rochus im bloßen Hemde, mit jämmerlicher Miene, bibbernd und verfroren.

»Ach, mein Freund«, sagt er zu mir und fällt mir um den Hals, »ich bin ein toter Mann.«

»Wieso denn?«

»Mir ist so unheimlich kalt, sieh doch nur, wie ich bibbere; hundertmal habe ich in dieser höllischen Nacht die Höhe der Fenster abgemessen ... Mimi gewährte mir gestern ein Rendezvous; ich bin kaum eine halbe Stunde mit ihr im Bett, als wir Lärm hören ... Ha, sagt sie zu mir, das ist mein Aushälter: ich bin verloren; im Namen Gottes, Chevalier, rette dich! Ich springe aus dem Bett, raffe meine Kleider auf und verkrieche mich in einem Schränkchen hinter dem Alkoven.« (Teufel! Das war also die Katze. Doch hören wir weiter.) »Die Komplimente fangen an, ein wenig lang zu werden, wie soll man da entkommen? Ich war nackt, ohne Waffen; sie hatte mir gesagt, er sei alt, aber seine Diener ... Barmherziger! Ich höre, wie er sich zu ihr legt. Vielleicht, wenn er eingeschlafen ist ... Doch weit gefehlt! Ich glaube, der alte Bock muß vorher zehn Pfund *diabolino* gefressen haben: er hat sie zwölfmal geschnackselt ...«

»Ach gehen Sie, das ist doch nicht möglich. Soviel krieg ich ja kaum zusammen!«

»Zwölfmal, sag ich dir. Ohne Tricks. Ich hab ja mitzählen müssen. Und dann ruft der alte Mösenkehrer auch noch nach der Katze und will nach ihr sehen. Stell dir meine Lage vor. Mal steh ich auf dem rechten, mal auf dem linken Fuß und zittere dabei vor Kälte; ein ekelhafter Käfig, der jede meiner Bewegungen wiedergibt ... Endlich geht er; ich stolpere heraus, und Mademoiselle schüttet sich vor Lachen aus.«

»Ei, ei«, sage ich zu ihm und muß ebenfalls lachen, »so ganz unrecht hat sie dabei nicht, denn wenn man Angst hat, macht man eben keine gute Figur. Aber du wirst uns etwas vorgeflunkert und das Ganze nur geträumt haben.«

Er verwahrt sich dagegen, schwört, braust auf, zählt hundert Einzelheiten auf ...

»Ich glaube sogar«, fügt er hinzu, »daß er sie in den Allerwertesten gefickt hat.«

»Oh! Das geht zu weit, Chevalier, ich bin kein Päderast!«

»Wer spricht denn von dir?«

»Du.«

»Ich?«

»Aber ja, du erzählst meine Geschichte.«

»Beim Blute Christi, beim Tode unseres Herrn, bei allen ...«

Doch da hält er inne, denn er ist kein nachtragender Kerl. Mimi hatte unser Rendezvous vergessen und vor lauter Angst – oder aus Spaß an der Sache – hatte sie das Abenteuer bis auf die Spitze getrieben.

Unsere Beziehung ging seinen Gang, doch hatte ich anderes nötig als Popostöße. Die Kleine war gut mit Diamanten, Kutschen, Silberzeug bestückt und hatte tausend Ecus im Monat – ohne die Geschenke. Sie lebte auf großem Fuße, dazu kamen Nebeneinkünfte und ihre Handarbeit; denn dieses Mädchen floh den Müßiggang aus Furcht vor Versuchungen. Ob nun ein gutes oder schlechtes Jahr, wie auch immer, jedenfalls hatte sie ihre fünfzigtausend Francs ... Und ich sollte nichts davon haben! Erpresserische Gesellschaft. Erstens, wozu sollen diese Diamanten gut sein? Sie sind völlig aus der Mode. Sie »borgen«, um sie zu verkaufen? Nein, das ist nicht neu. In der Gegend gibt es einen Grafen, der diesen schäbigen Trick auf dem Gewissen hat ... Sie einstecken und es leugnen? So wie jener Marquis, der mich gewiß beschuldigen würde, ihn nachzuahmen. Man hat heutzutage entschieden zuviel Mühe, ein origineller Spitzbube zu sein. Die Persönlichkeiten von Rang und Namen haben alle Möglichkeiten dazu schon ausgeschöpft. Seien wir also ein *ehrbarer Mann.* Helfen wir ihr, Haus zu halten; mag es so scheinen, als gäbe sie die Soupers, einladen werde ich, die Honneurs mache ich ebenfalls, nur zahlen wird sie; die Diamanten, das Silberzeug, alles wird verpraßt; und wenn sie nichts mehr hat ... Oh, bei Gott, ich habe zu viele Skrupel, um auf ihre Kosten zu leben.

Der Plan ist gefaßt, also vorwärts: der Hof und die Stadt strömen zu dem Häuschen, das *unser* geworden ist; man redet nur noch von unseren Soupers. Die hübschesten Knallnymphen trifft man hier an; was für sonderliche Paarungen tauchen da auf! Der dort ist zum Beispiel ein Kommandeur des Malteserordens, der von seinen Kriegszügen nur die Laster und Schlaffheit Asiens mitgebracht hat; er vereint äußerste Ausschweifung mit dem zügellosen Lebenswandel eines Frömmlers und der Roheit eines Soldaten an einem lasterhaften Hof. Er ist über die Sechzig hinweg und liebt nur Kinder; sogar der sprossende Flaum auf einem sich gerade erst wölbenden Venushügel stößt ihn ab. Was nimmt er sich heraus? Imaginäre Hindernisse zu überwinden? Kläglicher Athlet; vergebens bearbeiten Peitschen seine fleischlosen Lenden; er stößt nur an die Pforte des Heiligtums, das seine zitternde Hand ermüdet hat, um dort traurig zu weinen.

Sehen Sie den Abbé neben ihm ... Was! Sie erröten für ihn? Er ist innerlich ein Schuft, äußerlich ein

Tunichtgut, und dabei ist er kriecherisch wie ein Dienstbote. Sein Brunzrüssel sieht aus wie der eines Maulesels; natürlich bekommt er den Krummstab, mit dem Stock hat man ihn bereits an die zwanzigmal in seinem Leben traktiert. Achten Sie auf die Pestbeulen auf seiner Stirn und die blatternnarbige Nase. Folgen des Krieges! kreischt er und umarmt dabei *Martin*, der nur zu gut weiß, daß die Maus, die nur ein Loch hat, bald gefangen sein wird.

Ach Gott, ach Gott! Turcadet wird zärtlich ... Verdammt noch eins! Augenblick! So warten Sie doch, bis man die Kerzen löscht. Der Schwengelschwinger ist im Begriff, die Quincy zu besteigen; eben hat er ihn ihr in die Hand gedrückt.

»Pfui!«

»Zum Teufel! Immer noch Angst? Hör zu: Das alles ist das Produkt einer Konfiskation von spanischem Tabak.«

»Ich vermute«, sagt Mylord B^{+++}, der neben mich getreten ist, zu mir, »Madame Rosette ist bereit, mir für hundert Guineen ihre Vulva zur Verfügung zu stellen.«

»Mylord, Sie reden von Gold, aber nehmen Sie sich in acht, ich fürchte, sie dürfte schon randvoll sein.«

Bei Millionen von *devils*, laß mich doch lachen ... Ein Provinzler, der Colombe seiner vorzüglichsten Wertschätzung versichert; sie tut in der Tat ernsthaft entzückt ... Das geile Stück verdreht dabei die

Augen ... Sapperlot, jetzt weiß ich warum: Orbigny hat sie währenddessen befummelt.

»Hör mal, Hortense«, sagt der Graf, der aus Rom kommt (er ist von der Reise ein wenig beschwipst), »du hast mir den Tripper angehängt, das ist nun mal so ... nein, ich beklage mich nicht, das ist nun mal der Nachtisch vom Hauptgericht. Aber, Herrgott, du hast ihn auch meinen Dienstboten angehängt; und nun machen mir diese Hurensöhne Vorhaltungen, und das bringt mich um.« Sie spielt die Verzweifelte und leugnet alles ab; pouah ... Wir machen, daß wir wegkommen, und sie söhnen sich wieder aus.

Mimi gab Bälle; man spielte; die Industriebarone strömten herbei; junge Leute und alte Kinder wurden ruiniert. Mimi wurde nicht glücklich; schließlich hatten wir in zwei Monaten ihren Schmuck, ihre Wäsche, ihre Diamanten, ihr Geld, ihre Möbel, sogar die Pferde – obwohl die schon recht mager geworden waren – durchgebracht.

Daraufhin erbot sich ein Schlächtermeister, sie auszuhalten; der Kerl war geradezu zum Hörnerkriegen geschaffen; doch wollte ich dem Glück meiner Angebeteten nicht im Wege stehen und hielt mich deswegen an Violette.

Du kennst die hübsche Kleine, sie ist wie ein Engel, der aus der Hand der Grazien hervorgegangen zu sein scheint; der hübscheste Teint, die feinste Haut, ein entzückender Busen. Zu dieser Perfektion gesellt sich noch das Talent, besser als jede andere lebende Person ihren Aushälter durch eine flötende Stimme und kindlichen Gesichtsausdruck zu betrügen ... Nehmen Sie sich vor ihr in acht.

Dieses Frauenzimmer hatte sich letzten Sommer *einfangen* lassen; ich machte ihr klar, daß ihr Leander als Vermögen nichts weiter als die wenigen Haare auf dem Kopf besäße; ein Produkt, das nicht einmal dem Teufel etwas wert war. Sie trennten sich im bösen, wie das heutzutage üblich ist; ein Financier übernahm sie, kleidete sie ein und stattete die Wohnung neu aus. Auf Seelenpflästerchen verstand er sich jedoch nicht. Zum Teufel! Darum mußte sich doch jemand kümmern, und dieser Jemand war ich. Der Mann hatte Asthma und Gicht, er bestand aus lauter Knoten und Hoden – reine Etikette. Aber ansonsten war er ein prächtiger Seigneur: häßlich wie der Teufel, aber eine Rede von eitel Gold. Jedem Besuch ging ein Geschenk voraus. Mein Gott, im Handumdrehen wurden wir reich. Meine Göttin wollte eine Karosse; dieser Ansicht war ich nun nicht (es hätte bedeutet, die meine hintenanzustellen); aber wir versagten uns keine von den kleinen Annehmlichkeiten des Luxus, und alles auf Kosten dieses Kerls. Ich gehörte zum unentbehrlichen Bestandteil des Haushalts. Aus Angst vor einem Zwischenfall kam ich mit Violette überein, daß sie mich, dem Brauch gemäß, als ihren Bruder ausgeben sollte. Und so erscheine ich eines Tages, da unser Krösus bei ihr speiste, fein herausgeputzt in Leibrock, weißer Hose und Weste und mache ein bestürztes Gesicht wie ein Dienstbote, der eine Stelle sucht.

»Ah, guten Tag, mein Freund.«

»Ganz der Ihre, gnädiger Herr.«

»Was treibst du so?« (Ich glaubte schon, er würde mich als nächstes fragen, wo ich meine Livree gestohlen hätte.)

»Mein Herr, ich bin Polsterer, zu Diensten.«

»Kannst du lesen und schreiben?«

»Oh, mein Herr, ich bin drei Jahre zur Schule gegangen, und ohne mir schmeicheln zu wollen ...«

»Ich bin deiner Schwester wohlgesonnen; sei vernünftig, dann werde ich es dir gegenüber ebenfalls sein ...« (Er drückt mir zwei Louis in die Hand.) »Er ist wirklich ganz passabel, meine Königin, er hat deine Augen, aber er scheint mir nicht sehr aufgeweckt zu sein.«

»Oh«, meint sie, »was das betrifft, so ist er von einer Naivität, die mich manchmal verzweifeln läßt.«

»Hast du eine Geliebte?« (Du solltest sehen, wie ich mir mit dem Fuß die Wade kratze und errötend meinen Hut hin und her drehe.)

»Sie sind zu gütig, mein Herr, ich liebte die Tochter meines Meisters, aber es gab da einen alten Affen, der ihr in die Augen stach, weil er Geld hatte.«

»Er war also alt ...«

»Oh, mein Herr, fast so alt wie Sie.«

»Huh«, meint er ärgerlich, »dein Bruder ist wirklich ein Dummkopf.«

Gut, gut, adieu; ich ziehe mich zurück, und nach drei Tagen taucht mein Name im Dienstbotenverzeichnis auf.

Violette war indes der Verzweiflung nahe, denn Monsieur langweilte sie entsetzlich; ich versuchte, sie dafür nachts zu entschädigen, denn Monsieur schläft wegen seiner tugendhaften Gattin – übrigens ein Drachen, der ihn hin und wieder durchprügelt – nie außer Haus. Zwei Beischlafpositionen vor allem erfreuten meine Prinzessin, und da ich der Erfinder bin, will ich sie dir gern näher beschreiben.

Nach den ersten beiden Stößen – denn man muß dabei in Schwung gekommen sein – packen Sie Ihre Schöne um den Leib und betten sie ein wenig gebeugt diagonal auf sich; Sie führen Ihren linken Arm unter der Öffnung, die notwendigerweise aus dieser Position resultiert, hindurch und streicheln mit Ihrer leicht gekrümmten Hand ihre rechte Brust; somit wird sie von hinten penetriert; doch verschafft ihr seitlich gebeugter Kopf Ihnen die Gelegenheit, die Zunge in ihren Mund zu stecken, während Ihre rechte Hand die Klitoris befingert ... Stell dir nun den Ablauf synchron vor: die parallele Bewegung zweier angewinkelter Körper; jene der beiden Hände, eine vor- und zurückschnellende Zunge, malmende Zähnchen ... Die kältesten Frauen schmelzen so dahin: das ist Fakt; und nun stelle dir erst mal einen jungen Feuerkopf vor, ohne Übertreibung kann ich sagen, daß bisher nur wenige Mädchen so wie Violette gerubbelt worden sind, die übrigens meiner Erfindungsgabe nichts schuldig blieb ...

Und ich soll nicht in die Nachwelt eingehen! Undankbare Sterbliche! Ihr gewährt Schwätzern, die euch langweilen, Preise und unsterblichen Ruhm ... Und mir nicht? Ein tumber Verfasser von Panegyriken, ein ermüdender Wortschinder darf in der Akademie Platz nehmen ... Ach, bei Gott! Wenn das so ist, soll er sich doch in deren Arme flüchten, ich werfe mich in die von Violette ... Zur Schande Frankreichs gibt es keinen Preis für die, die am besten in die Muschel rotzen. Ihr Volksfreunde! Ihr, denen er nur einmal im Jahr steht! Berechnet ihr einen Humsenspritzer nach Toten oder nach Geburten; letzteres schenkt doch wohl dem Staat die Kinder. All eure Abbés – langweilige Sabberer, denen die Eier fehlen – kriegen Pensionen, während ich meine Rute frucht- und ehrlos schwingen muß. In meinem Vaterland mußte ich den Kampf ums tägliche Brot miterleben; ich habe (eine ungeheure Sache!) mitansehen müssen, wie sechstausend Soldaten fünfzig mit gestohlenen Mehlsäcken beladene Bauern auseinanderjagten. Wer hatte die Leute denn aufgewiegelt? Was hat *denn diese neuen Sigambrer von den*

Bergen des Nordens herabsteigen lassen? Eure Bücher, eure verdammten Bücher! Zum Teufel! Wenn es in jedem Dorf statt eines Schulmeisters einen Fickrichter gegeben hätte, wäre es den Bauern, während sie auf ihren Weibern herumrutschten, nie in den Sinn gekommen, die Brötchen der Hauptstadt aufessen zu wollen ... Früher schlug Apoll die Leier mit seinem Schwanz ... Nun, da er ihm nicht mehr steht, muß er die Hand zur Hilfe nehmen! Soll ich mich etwa um hundert akademische Flachheiten, säuberlich in Kalbsleder gebunden, scheren, die wie ihre Verfasser in tödlichem, erstickendem Staub ruhen? Mein Buch ist die Möse; ich durchblättere es auf tausenderlei Art, und das Ergebnis meiner Probleme ist ebenso heiter wie glorreich. Zum Ruhme meines Vaterlandes schlage ich nunmehr eine Akademie vor. Jeder Bewerber muß wenigstens der Erfinder einer neuen Stellung sein; ich gründe zehn geistliche Freistellen zu Ehren eines schönen Kardinals und Liebhabers von Prälaten; der niedere Klerus und die Mönche werden als Brüder im Geiste von uns Wüstlingen angesehen; jedes Jahr wird es einen Preis für die schönste Art, die Ritze auszuhobeln, geben, des weiteren eine Goldmedaille für den, der sich am intensivsten damit beschäftigt hat; die Richter werden eine Herzogin, eine Oberin und ein Mädchen von der Oper sein, alle drei Nymphchen vom feinsten, wie es gang und gäbe ist. An Modellen soll es nicht fehlen. Dann wird Priapus erblühen und den Deismus in den Schatten stellen. Statt moralischer Geschichten wird der Schriftführer, der sich seiner Aufgabe hoffentlich gewachsen zeigen wird, nun physische Erbaulichkeiten aufzeichnen. Aber kommen wir wieder auf unser Thema zurück.

Violette hatte den schönsten Haarschopf der Welt und die Manie, sich ihn wammerln zu lassen.

»Einen Haarschopf vögeln?«

»Jawohl, mein Bester, das erstaunt Sie?«

Des weiteren die Achselhöhlen, die Augen, die Ohren ... Den Busen mitunter auch, aber ihre Brüste waren zu hart und standen zu weit auseinander; eher etwas für spezielle Liebhaber. Aber dann die Perle von alledem. Die kleine Messalina streckte sich der Länge nach aus, die Beine gespreizt, während ich ihr, meine Beine dort postiert, wo gemeinhin der Kopf sein sollte, den Mund lackierte und, den Kopf zwischen ihren Schenkeln, sie aus Leibeskräften schlotzte; du lachst, als wärst du Zeuge dieses Schauspiels gewesen; dieses Auf und Ab von Köpfen und Ärschen ist wirklich unbezahlbar.

Währenddessen sorgte Herr Duret für Speis und Trank, und ich hielt wacker mit. Unsere lasterhaften Geselligkeiten, an denen er nie teilnahm, machten mir viel Spaß. Eines schönen Morgens wollte ich mit einer jungen Gespielin unserer Intimitäten frühstücken. Die Dienstboten steckten wer weiß wo, und so gelangte ich ohne große Schwierigkeiten bis zum Schlafzimmer. Ein sehr charakteristisches Geräusch bedeutet mir, daß man zur Sache geht. Ich will mich diskret zurückziehen, als ich höre:

»Genug ... genug ... Ach, Pater ... Genug ... Nein! Ah! Fick mich! Du Pimmel vom Himmel! Ah ... das ist so schön wie sterben ... «

»Beim Schwengel des heiligen Franziskus«, höre ich den Kerl scheinheilig zwischen den Zähnen hervorpressen, »erst muß ich mein Dutzend vollkriegen.«

Donnerwetter, das ist einer von unserer Art; ich ergreife eine Schale voll Zuckerwerk. Ich stelle mich als Schildwache auf und warte ab, bis er seine Litanei zu Ende gesungen hat, dann ziehe ich den Vorhang zurück.

»Ehrwürdiger Vater«, sage ich voller Demut zu ihm, »möchten Sie nicht eine kleine Stärkung? Sie scheinen mir von der Predigt erschöpft.« Was für ein Schwanz, mein Freund, was für ein Schwanz! Ah! Himmel, der des Großtürken ist nichts dagegen ...

Wie verlegen er war, der Pater Ambrosius, Oberaufseher seines Ordens! Er war in heiliger Mission unterwegs, und wohl noch nie wurde Beelzebub mit solch einem Weihwedel ausgetrieben ...

»Hör zu, Freund Hochwürden«, sagte ich zu ihm, »ich bin kein nachtragender Teufel, schließen wir Freundschaft, beruhige dich und laß uns einen Schluck zusammen trinken.«

Pater Ambrosius willigt ein und erholt sich bald von seiner Verwirrung. Alexandrine läutet, und das Frühstück wird uns serviert.

»Teufel auch«, sagt der Mönch noch ganz brünstig, »da siehst du, mein Bester, die Wirkung unserer Weiberkleidung. Unter dieser Kutte, die ich verabscheue, verbirgt sich ein Klötenrohr aus Eisen, aber auch das Herz eines Hasen; letzteres aus Furcht vor den schrecklichen Strafen, die uns dereinst erwarten.«

»Wie das! Strafen, weil man ein hübsches Weib besprungen hat?«

»Nein, nein, nicht fürs Kopulieren, sondern für die Dummheit, sich dabei haben erwischen zu lassen. Wir sind die Anständigeren unter den Kapuzenträgern; schon immer wurden die Patres mit den weiten Mänteln von den Frauen gern gesehen, vielleicht weniger gern von den Ehemännern; obwohl wir, bei Gott, für einen Haushalt unentbehrlich waren. Solange die Verfehlung geheim bleibt, haben wir nichts zu fürchten; erst wenn etwas ans Licht kommt, werden wir sequestriert.«

»Wie, ihr straft euereins?«

»So gut wie, wir versetzen ihn *in pace*. Ich selbst, der ich doch ein guter Kerl bin, habe einen jungen Pater, der bei der Dumas aufgegriffen wurde, ins Loch schließen lassen. Wir leben nur von Almosen. Heuchelei ist für uns heilsam und notwendig. Tausend grindige Böcke und genauso viele alte Huren, die Gott lieben wollen, weil die Welt sie nicht ausstehen kann, unterstützen unseren Müßiggang. Tausend Betrügereien, tausend Taschenspielertricks helfen uns dabei, denen das Geld abzuknöpfen, die den Altar des Aberglaubens schmücken und dadurch die Helfershelfer des Lasters ernähren, denn, unter uns gesagt, wir taugen alle nichts, nehmen Sie nur mich.«

»Doch sind Sie für Ihr Alter schon hoch gestiegen, Pater.«

»Das ist wahr, doch hören Sie, weshalb. Ich trat mit neunzehn ins Kloster ein, nachdem mir die Eiferer den Kopf verdreht hatten; ich hatte den Teufel höchstselbst gesehen, er verfolgte mich, und ich hatte Angst vor seinen Hörnern (nachdem ich mich mit dem bevorzugten Schmuck dieses Landes befaßt hatte, setzte ich anderen davon genug auf) ... Im Namen des heiligen Gehorsams fegte man mir den Schlot; ich war groß und wohlgebaut, und so wurde ich bald der Lustknabe der ganzen Gemeinschaft; mein Fummelhobel wuchs sich zu jenem Umfang aus, den Sie vorhin bemerkt haben. Die herumreisenden Kontrolleure der heiligen Hierarchie befaßten sich mit der Auswahl für das Kollegium in Rom; unser oberster Pater litt an der Schwindsucht. Um ihn wiederherzustellen, hatte man ihn auf eine Möse gelegt ... Ein Italiener rüppelt sich dadurch gesund (lassen Sie sich das gesagt sein, Madame); aber Italien hatte ihn erschöpft; ich war gerade gut genug für *a parte ante und a parte post* (will sagen für Arsch und Kopf). Unser Guardian präsentiert mich (der arme Kaminfeger starb bei dieser Opferung vor Kummer.) Der Kontrolleur nahm mein Maß, und ich war angenommen. Man geleitete mich zur hochwürdigen Eminenz, die mir den Arsch hinreckte; selbiges war ein Gunstbeweis, und so begann ich mit der Übung. Donnerwetter, das war ein stolzer Stinker, die Öffnung so weit wie ein Bierfaß; aber diese Größe hatte ich auch; bald war ich sein Liebling. Er wurde zum Großinquisitor von Toledo ernannt, und ich folgte ihm. Ach, was war das für ein feines Leben! Dort war es mir vergönnt, zum erstenmal die Vötzchen kennenzulernen. Dieses gute Spanien! Was gab es da nicht für Blumen zu pflücken; oftmals ganz glatte, aber ein Mönch darf nicht so wählerisch sein. Ich will Ihnen nicht alle Einzelheiten beschreiben, deren ich Zeuge geworden bin; wieviel hübsche Mädchen haben wir als Jüdinnen gefangengenommen und als Christinnen vernascht! Unsere Hosen dienten ihnen als Hostie, und die Absolution bekamen sie durch unseren Zebedäus. Was mich heute noch ärgert, ist, daß man ein Dutzend von ihnen, die sich anschickten, die Keuschen zu spielen, und die gewiß geplaudert hätten, verbrennen mußte ... Oh, Diskretion ist die weiseste Sache der Welt. Pater Nicolas starb den Tod der Heiligen – an der Syphilis. Ich erwies dem Kardinal Porto Carrero einige Dienste: man machte mich erst zum Vikar und dann zum Oberaufseher. Doch das Leben als Sterzenlöcherer behagte mir nicht; Paris faszinierte mich; zudem war ich im

Range gestiegen und hatte nichts zu befürchten; also folgte ich meinem persönlichen Geschmack: ich habe gefickt, ich ficke, ich werde ficken. Punkt. Das ist meine Geschichte und meine Religion.«

Wir begossen sie ...

»Aber Pater, die Frommen bezahlen euch doch?«

»Aber ja, zweifellos; so, wie ich hier mit Ihnen rede, habe ich hundert Pistolen im Monat, die Nebeneinkünfte nicht gerechnet; ich gebiete über das Geschlecht und die Geschlechter.«

»Und die Beichte!«

»Papperlapapp! Die ist dazu da, ein schönes Mädchen zu belehren, eine Dame voller Skrupel zu beruhigen, und als Buße gibt man ihnen beim Verlassen der Kirche einen Vorgeschmack auf das Bordell.« (Trotz meiner Lasterhaftigkeit ließ mich der verfluchte Geilstrick von Heuchler innerlich erbeben.)

»Aber, glaubt man denn in Ihren Kreisen an gar nichts?« (Das wußte ich natürlich, und offensichtlich glaubte ich auch nicht mehr als sie; aber ich wollte die Monstrosität dieser Leute ganz bloßlegen.)

»Ach, lieber Freund, für einen Mann von Welt sind Sie vordervotzig dumm. Wer, zum Teufel, glaubt denn wirklich an die Narrheiten, die er erfindet? Was schert mich Scotus oder der heilige Augustin? Gut intrigieren, gut trinken, gut ficken ... Mag kommen, was will. Frömmigkeit ist uns einträglich; also täuschen wir sie vor; wir bieten den alten Weibern ein wenig Spaß und verführen die jungen.«

»Bei Gott, Pater, das ist wohlüberlegt: das nenne ich predigenswerte Maximen; aber Sie vergessen einen gewichtigen Punkt: die Belehrung und Leitung der Familie.«

»Ha, gerade da leisten wir Beträchtliches; die bigotte Nation, das dumme – wenn auch verräterische – Volk ist uns ergeben, das sagte ich Ihnen schon; anfangs sind unsere Waffen die Überredung, die Sanftmut, die Eingebungen des Herrn. Wir dringen wie die Schlangen in die Seelen; wir erheben uns auf der Basis unserer Demut zum Triumph unseres Stolzes. Was zunächst Beistand war, wird bald zur Despotie und unsere Meinung zur Entscheidung; letztlich werden unsere Entscheidungen zu Orakeln, die in Frage zu stellen nicht erlaubt ist; und haben wir nicht die Rache des Allmächtigen erfunden, um die Widerspenstigen zu strafen? Und genau so, indem wir Gewissen mundtot machen, indem wir die Furcht vor Beelzebub (der gewiß weniger bösartig ist, als wir es sind) schüren, werden wir zu Bestimmern über die Geheimnisse und das Wohlergehen einer Familie.

In einem Haushalt ist ein junges Mädchen, mit dem ich schlafen will, doch sie weigert sich; ihre Abgeschiedenheit ist beschlossene Sache, in einem Kloster kann sie über ihr Zuviel an Tugend weinen ...

Man will ihre Schwester verheiraten; ihr Liebster gefällt ihr sogar; aber mir nicht, weil er mich verachtet oder weil ich, meinetwegen, das Böse nur um des Bösen willen tue; so etwas erfreut das Herz eines Mönches; ich verbreite also Gerüchte: weder glaubt er an das Rückgrat des heiligen Pantaleon noch an die Hose des heiligen Bonaventura; eine Gottlosigkeit; er wird exkommuniziert; er kommt zur Vernunft, er bezahlt; er wird orthodox wie der heilige Dominik.

Der einzige Sohn ist ein junger Mann, der zu größten Hoffnungen berechtigt; er hat Geist, Bildung, Talent; sein Vater, hart wie alle Frömmler (obwohl sie da nicht die einzigen sind), läßt es ihm an Geld fehlen, setzt ihn außerstande, sich zu behaupten; er sucht nach Mitteln, was mache ich? Die Torheit der Jugend läßt ihn irgendwelche Dummheiten begehen. Ich rate zu eiserner Zucht; der Sohn weiß davon; er verabscheut mich: gut, das kommt mir gerade zupaß. Indem ich bei allem vorgebe, ihn zu entschuldigen, mache ich ihn nur noch schuldiger; ich lasse ihn enterben, einsperren, zugrunde gehen, und all das zum Ruhme Gottes, und der rohe Idiot, den ich an der Nase herumführe, glaubt, den Himmel gewonnen zu haben, weil er so gräßliche Dinge tut ...

Eine liebenswürdige und hübsche Frau ist mit einem alten Brabbelkopf verheiratet; die Hoffnung, einen geradezu verbrecherisch zu nennenden Rachedurst zu stillen, einen durch sein Motiv und seine Wirkung gräßlichen Haß, seine ohnmächtige Geilheit oder irgendein anderer, genauso löblicher

Grund haben sie so weit gebracht, sich diesem verfallenen und bösartigen Greis an den Hals zu werfen. Die Tage dieser Schönen verrinnen in Tränen, ihre Nächte in Entsagung und Seufzern: für sie ist es nachgerade ein Glück, wenn sie nicht angehalten wird, seine ekelhaften Zärtlichkeiten zu empfangen, die ihre körperlichen Reize beleidigen, ihr Herz empören und sowohl für die Seele wie für den Körper eine Marter sind, da sie immer nur einen Schatten umarmt ... Welch feine Gelegenheit für mich ausgemachten Heuchler und frechen Lüstling ... Mein Plan steht fest; sie muß mir zu Diensten sein; ich werde sie meiner Leidenschaft opfern, oder sie ist verloren, gedemütigt, entehrt. Unschuldige Neigungen, unbeschwerte Genüsse, notwendige Schicklichkeit, Gedanken, Worte, Handlungen, selbst solche die völlig unbedeutend sind, Gesten, Blicke, Freud und Leid – alles wird vergiftet; will sie nicht meine Komplizin werden, so wird sie mein Opfer. Sie wird, in ihren eigenen Augen befleckt, weiterleben – oder, vor Kummer und mit öffentlicher Schmach bedeckt, zugrunde gehen ... Aber zum Teufel, mein Freund, trinken wir einen Schluck, *in vino veritas*. Um Himmels willen, daß Sie bloß nicht das Geheimnis der Kirche enthüllen, Sie würden es bereuen.«

»Wer! Ich, mein Pater? Wieso denn das? Ich hänge doch nicht von euch ab.«

»Sie hängen nicht von uns ab? Na, das wollen wir

doch mal sehen ... Ich nehme an, Sie sind im Augenblick recht einfältig und nicht gut beraten, um unser zu spotten. Sie sind verrückt, mein Freund.«

»Genug, du Halunke von einem Mönch!« schreit da Alexandrine. »Du vögelst zwar wie ein Engel, aber dein Herz ist grausam; du machst mir Angst; genug, ich will nichts weiter von dir hören.«

»Rotznäschen«, sagt Pater Ambrosius, »das kann noch nicht einmal sein Brot essen; verschwinde, geh, er steht mir eh nicht mehr ...« (Wir fahren fort.)

»Glaubst du, daß wir dich mit offener Gewalt überfallen würden? Dummkopf! Du würdest dich retten und uns die Maske herunterreißen. Nein, nein, wir beginnen damit, daß wir uns bei allen Leuten von Stand, die du kennst, erkundigen; dann wählen wir die schwächsten aus, deren schwammige Tugend sie Vorurteilen leichter zugänglich macht, und die sich selbst Ungeheuer schaffen, um sie bekämpfen zu können. Man singt dein Lob. Wobei wir durchblicken lassen, daß es doch schade ist, daß so viele treffliche Eigenschaften durch diesen oder jenen Makel beeinträchtigt werden (das wird sich immer nach den Vorlieben der Zuhörer richten); so sät man allmählich Mißtrauen; man wird dir Schritt auf Schritt folgen und sich keine Gelegenheit entgehen lassen.«

»Aber ich werde mir keinerlei Blöße geben.«

»Du wirst dir nur Blößen geben. Man wird dich nämlich verleumden. Du willst eine Stellung er-

LUD.XVI.D
Ma conversion ou

halten, ein Unternehmen gründen. Anonyme Briefe, vom Teufel erfunden, der sie dem ersten Klostermönch geschenkt hat, werden von allen Seiten herbeiflattern. Unsere Parteigänger werden sie verbreiten, in Umlauf bringen, indem wir sie insgeheim kommentieren, und die Neider werden sie gierig aufgreifen und ihnen Glauben verschaffen; deine Feinde (jeder Mensch hat welche, und die verdienstvollen mehr als andere) werden frohlokken.«

»Aber ich werde mich sicherlich verteidigen.«

»Zweifellos. Ich glaube sogar, daß du hundert Personen überzeugen wirst, die dich gut kennen; aber die öffentliche Meinung wird stets gegen dich sein, und nicht einmal dreißig Jahre deines Lebens würden genügen, um dir die Achtung, die du verloren hast, wiederzugewinnen ... Geh, wir verfolgen mit dem Brief die Maxime, die uns Freund Machiavell hinterlassen hat: *Verleumdet immerzu; zumindest Narben bleiben zurück*, und diese Methode ist unfehlbar.«

»Meine Güte, Pater, ich bin hingerissen, begeistert; ich hätte euch nicht für so durchtrieben gehalten.«

»Schon gut, schon gut«, erwidert der Pfaffe, »wir sind da eben in unserem Element ... Und wenn ich dir die Triebfeder jener Politik enthüllte, die uns seit langem die Erde als König unter den Königen beherrschen, je nach unserem Gutdünken Souveräne vom Thron stürzen oder aus dem Kreis der Lebenden fallen läßt, so ...«

»Ah, Pater, habt Erbarmen und bringt mir diese feinen Sachen bei. Wer weiß, vielleicht werde ich einst Franziskanermönch.«

»Du könntest in der Tat nichts Dümmeres begehen. Aber nun höre:

Du weißt vielleicht, daß es einmal eine Zeit gegeben hat, in der auf Erden krasse Unwissenheit herrschte; Fanatismus und Aberglaube prägten jenes glückliche Zeitalter ... Ein denkwürdiges und glückseliges Zeitalter, in der die Mönchskutte über das Diadem triumphierte, in dem die Bernhardiner, die Franziskaner, die Dominikaner – durch Stimme, Lunge und Ruchlosigkeit mächtig – es verstanden, den Zorn der dumpfen Christlichkeit hervorzurufen und anzufachen! Als unerschrockene und lügnerische Propheten verfrachteten sie Millionen von Kreuzfahrern in den Sand Ägyptens und Palästinas; und Europa, das beim ersten Zeichen gegen Asien aufstand, eilte herbei, um dort sein Grab zu suchen, während die leichtgläubigen Bewohner zu unseren Vasallen wurden und reichlich Fell ließen, um das wahre Jerusalem zu errichten; das unsterbliche und mächtige Jerusalem, wo bald alle Laster des Müßiggangs emporschießen sollten, alle Verbrechen von Ruhmsucht und Geldgier.

Von nun an war jeder Mönch heilig; jeder ein wenig über sein Jahrhundert hinaus aufgeklärte

Mensch wurde exkommuniziert. Freiheit gab es nicht mehr; wir verfolgten ihren Schatten bis in den Grund der Seele, bis in den Grund des Denkens ... Glückliche Zeiten! Ach, wie haben sie sich geändert ...! Die *Philosophie* erblickte das Licht der Welt; nicht diese schikanöse *Schwätzerin*, die sich nutzlos im Staub der Schulen wälzt, sondern dieses lebendige und gleißende Leuchten, das den Dunstschleier des Fanatismus zerreißt und das Schellengeläut des Aberglaubens verstummen läßt; so wie die Nachtvögel wurden wir durch das Tageslicht geblendet. Es warf uns zu Boden; wir machten, daß wir in unsere Asyle kamen, die von der gewöhnlichen Menge noch respektiert wurden; doch der rächende Strahl verfolgte uns auch dorthin; man verriet unsere Schliche; man enthüllte unsere Intrigen; man machte unsere Politik öffentlich; man stellte unser Gebaren und unsere Verfehlungen bloß. Ein verschworenes Universum war sich darin einig, uns zu vernichten; wir waren verloren ... Doch rettete uns gerade diese Verachtung; unser Mutterland hinderte uns am Fall.

Es gibt eine Macht, deren sichere Arroganz und grenzenlose Anmaßung imponieren, obwohl ihre Autorität prekär und künstlich ist. Genauso doppelzüngig wie starrköpfig und schlau, liegt ihre Stärke in ihrer Schwäche. Ignoranz ist ihr Wesen; Verschlagenheit und Betrug haben sie verbreitet; die Zwietracht der Fürsten und die anarchischen Interessen, aus denen sie Vorteil zu ziehen verstand, haben sie so kolossal werden lassen; Beharrlichkeit und Hochmut haben sie gestützt; ihre Exzesse wurden gedämpft; Kunst und Fügsamkeit festigten sie; ihr Oberhaupt, lange Zeit einflußreicher Mäßiger einer mächtigen Aristokratie, verdankt seinen Einfluß nur uns: den begeisternden, kühnen, unsterblichen und sich immer aufs Neue entwickelnden himmlischen Heerscharen. Verloren für öffentliche Angelegenheiten, an Geist und Herz vom Rest der Menschheit isoliert, ist unser einziges Interesse unser Anwachsen, das den Ruhm dieses unwirklichen Reiches ausmacht. Auf uns ruht sein Imperium. Und so sind wir auch seine teuren und treu ergebenen Kinder. Fromme Betrügereien, unschickliche Vorfälle, verbrecherische Possen waren früher gang und gäbe; ihre Herrschaft ist nunmehr vorbei! Nun wohl, unser Vormarsch ist verborgener und sicherer geworden. Wir hatten uns zu rächen; aus dem Inneren unserer Asyle fachen wir die Zwietracht an, nähren wir jene Bürgerkriege, die das gepeinigte Europa mit Blut tränken; unsere Schmähschriften, unsere aufrührerischen Predigten, die Verführungskunst des Beichtvaters genügten uns, um die Messer zu wetzen; und dank unseren Bemühungen wurde weltweit anerkannt, *daß es gestattet und eine heilige Sache dazu ist, einen Ketzer zu töten*, das heißt: unseren Feind. Und so tötet denn der Vater seinen Sohn; und so nimmt der Sohn seinem Vater das Leben, das der ihm gegeben; aus Freveltaten entstanden Märtyrer: wir zerstörten fruchtbare Landstriche, wir vergossen schamlos Ströme von Blut. Kein Sterblicher, der unserer Rache verfallen war, vermochte unseren Streichen zu entgehen. So haben die Kinder des heiligen Dominik den letzten Valois umgebracht; so schlachteten die Jünger Loyolas Heinrich hin, den die Philosophen noch zu beweinen wagten; Scheiterhaufen, Dolch, Gift – wir gebrauchten alles, die Opfer türmten sich, die Henker und Mörder sind erschöpft; die Gefängnisse quellen von Unschuldigen über – wir dagegen von Blut, Gold und vor Hochgenuß ...

Aber wir sind noch nicht satt. Der Schachergeist, der sich zu unserer Herrschsucht hinzugesellt hat, überschüttet uns umsonst mit den Schätzen der Neuen Welt, die durch sie selbst und unsere Geschicklichkeit verwüstet wurde; unsere Habsucht regt sich, und unsere Sitten sind dadurch nicht sanfter geworden; offensichtlich herrscht Ruhe, aber die ist nur vorgetäuscht; wir fühlen, daß unser Reichtum unser Ansehen überlebt hat; die ehrgeizigen Befürworter des Despotismus, die mittlerweile die Könige hassen, sind mundtot gemacht; wir müssen wohl schweigen, aber nicht untätig sein. Unsere Anschläge sind aufeinander abgestimmt, Komplotte werden angezettelt; unsere Feinde attackieren uns mit den Waffen der Lächerlichkeit, aber sie täuschen sich in ihrer angeblichen Überlegenheit: wir bedienen uns recht wohl anderer Hilfsmittel, wir unterminieren lautlos; du bist jung, du wirst die Früchte unserer Arbeit erleben. Eine Revolution – vielleicht noch in weiter Ferne, aber gewiß – wird erneut die Welt bedrohen; mit den Füßen werden wir jene superben Leute treten, die uns zu verachten wagen; noch befehlen wir ...

Könnten wir doch die Menschheit wieder der Barbarei übereignen, die Wissenschaft vernichten, bis auf den Keim jene perfide Philosophie ausrotten, die uns mit Demütigungen überhäuft; könnten wir doch endlich auf all diesen Ruinen den neuen Prachtbau unserer Größe errichten! Dann werden wir mit eisernem Zepter die Welt regieren, die unseren Launen unterworfen und unserem Vergnügen ausgeliefert sein wird. Wir werden als allmächtige Herrscher über die Mütter, Frauen, Töchter unserer Sklaven verfügen und diese erniedrigten Seelen so weit bringen, ihre Entehrung noch als eine Wohltat anzusehen ... Nun, diese ruhmreichen und glückseligen Tage kommen rascher, als unsere unvorsichtigen Feinde glauben. Sie wagen nicht, das einzige Mittel anzuwenden, das sie verzögern könnte: unsere heilige Bruderschaft und die mächtige Hierarchie, in deren Diensten wir stehen, zu zerschlagen und unser immenses Vermögen, das uns alles erst möglich macht, zu enteignen. Nein, wir fürchten von diesem käuflichen Jahrhundert nichts; wir bezahlen unsere Beschützer, die zu unseren Sklaven werden; hundertfach geben sie zurück, was sie uns gekostet haben.«

»Beim Blute des Gekreuzigten, Pater, das ist sublim! Was für ein ungeheuerlicher Weitblick! Was für eine umsichtige Ruchlosigkeit! Was für mysteriöse Sünden!« (Ich hielt inne, denn Pater Ambrosius wurde gewahr, daß er zuviel verraten hatte, und runzelte die Stirn; um ihn aufzuheitern, packte ich Alexandrine, die im Zimmer herumtanzte.) »Pater, wollen Sie das wahre Urbild imperialen Geschicks, den Gegenstand aller Revolutionen, den Kompaß des Universums kennenlernen? Hier ist er«, sagte ich, indem ich ihn auf die pralle Saftschnalle der Schönen aufmerksam machte, »darauf zielen die Intrigen der Priesterschaft, der Hochmut des Sultans, der Pomp des Moguls, die Launen des Despoten, die Wutausbrüche des Tyrannen, die ehrgeizigen Wunschvorstellungen des Eroberers, die Reichtümer beider Hemisphären ...«

Puh! Kaum habe ich Zeit, mich in Sicherheit zu bringen, denn Pater Ambrosius entreißt mir Alexandrine, wirft sie aufs Bett, um ebenfalls auf diesen Mittelpunkt zu zielen.

Ich kehre zu Violette zurück, wo mich Sorgen erwarten; die Verwaltung hatte Herrn Duvet von seinem Posten als Generalpächter verjagt, und so hatten wir (wir, das heißt: Violette) nichts mehr zum Wirtschaften; ich riet ihr, ihre Möbel zu verkaufen, um die Schulden zu bezahlen, und ziehe mich zurück, um die Auflösung des Haushalts nicht zu stören.

Ich habe immer schon die Musik geliebt; am selben Abend machte ich die Bekanntschaft der Guyarre. Dieses Frauenzimmer ist häßlich und sieht aus wie eine Köchin, aber sie hat eine hübsche Stimme, und wenn sie nicht gerade falsch singt, ist es ein Vergnügen, ihr zuzuhören; übrigens ist sie im Bett eine Furie. Mein Ruf erübrigt jede größere Vorstellung; ich biete ihr sechs Nummern pro Tag; sie entläßt ihren Wasserträger, der völlig am Ende ist, gönnt ihren Dienstboten und ihrem Friseur die wohlverdiente Ruhe; wir kommen überein, gemeinsame Börse zu machen (wohlbemerkt, ich lege nichts ein). Sie gibt Konzerte, empfängt Gesellschaft, die sich das Maul über sie zerreißt, Musiker von ziemlich schlechter Reputation und Leute mit der Reputation von Liebhabern, die nicht einmal das Verdienst haben, gut zu sein.

Nach dem Souper plaudere ich mit einem berühmten Virtuosen und charmanten Komponisten *(Cambini)*: Wir redeten über die Revolution der Musik in Frankreich; ich hörte interessiert zu und ließ mich belehren. Plötzlich redet uns einer der anwesenden Herren an:

»Was! Sie reden über Komposition! Bei Gott, ohne mir schmeicheln zu wollen, aber das ist meine Vorliebe.»

»Daran zweifle ich nicht«, sage ich zu ihm und werfe dem Künstler einen Blick zu, »und es wäre sehr angenehm, wenn Sie uns, diesem Herrn und mir, einige Lektionen geben würden.«

»Gern, sehr gern; ich versage meine Hilfe nie.«

»Nun, was meinen Sie? Dieser Herr hier will eine Oper komponieren und bittet mich um den Text.«

»Seine Musik ist demnach fertig?«

»Nein, was denken Sie!«

»Sehr schlimm; die Musik ist nichts wert, wenn sie nach Worten komponiert wird; das stört einen Musiker nur und hindert ihn daran, in Noten zu schwelgen; seine Phantasie ist beeinträchtigt.«

»Aber mein Herr, mir scheint ...«

»Ihnen scheint das schlecht zu sein? Zum Teufel, man braucht ein Orchester; ein Orchester ist alles, was man braucht; ahmen Sie Moline nach; das heiße ich, eine Oper zu komponieren; die Worte sind nie im Einklang mit der Musik, aber das beeinträchtigt mitnichten die Wirkung ... Und für mich gilt nur die Wirkung; habe ich recht, Cambini?«

»Herr Marquis, wenn man jedoch ein Gefühl ausdrücken will, die Liebe zum Beispiel ...«

»Jawohl, da braucht man an- und abschwellende Töne, viel falsche Quinten; das wird dann durch den vollkommenen Akkord wieder aufgehoben; schon gelangt man mit Hilfe der kleinen Terz zum betreffenden Ton: unterstützen Sie es mit einer um einen halben Ton geminderten Septime. Wenn die Tonart Moll ist, wechseln Sie nach Dur; streuen Sie viel B-moll ein, Terzakkorde, Dominanten, Sexten und

Doppeloktaven ... Bei Gott, so was bewältigt man mit einem Handgriff ... Hast du Leidenschaft in deiner Oper?«

»Sehr viel, Herr Marquis.«

»Fein! Bei Gott, dann nimm einen wohltemperierten Vier-Viertel-Takt; für das Rezitativ *ad libitum* mit obligater Begleitung; anschließend ein Chor als Fuge mit zwei Themen, die gut voneinander abgehoben sind, weil das den Disput markiert, den Konflikt des Widersprechens, vor allem, wenn das wie der Teufel schreit – vielleicht sollte man auch einen Chor hören; und dann absolute Stille; ist das nicht großartig, was? Ein ganz verhaltener Dreiertakt, um den Kontrast hervorzuheben, verstehst du? Nicht schlecht wäre, dort die Pauken einzusetzen; schließlich ärgert sich der Held in *allegro* mit vier B-moll im Schlüssel; das muß über zehn Takte gehen, damit er wieder zu Luft kommt; während dieser Zeit geht das Orchester los wie der Teufel; dann singt dein Held Koloratur; er will doch, daß man ihn hört ... Ach nein, zum Teufel, das Orchester spielt ihn ja an die Wand, und wenn dieser Kerl von Legros anhebt, na, dann geht das Donnerwetter los ... Halt, was ich dir noch empfehle, das ist ein wohlklingender Baß, da läuft alles ...«

»Und meine Tänze, Herr Marquis?«

»Oh, da braucht man etwas Edles; ein schönes langes Flötenstück mit Variationen für Salentins Behaglichkeit und dann ein Orgelstück mit Koloratur, so lang, daß Gardel tüchtig mit den Beinen zappeln muß ... Du weißt nicht, wie du das machen sollst, was?«

»Ehrlich gesagt, nein.«

»Ein Tamburin, mein Bester, ein Tamburin; es gibt nichts, was so heiter stimmt ... ja, ja, ein Tamburin ... Guten Abend!«

»Hah! Spatzenhirn! Zwergenschiß! *Coglione, coglione.*«

»Na, na, sachte, sachte, Cambini«, sagte ich zu ihm ...

Ach, mein Freund, so urteilt man über Sie, und das ohne die Möglichkeit des Einspruchs ... Wir begeben uns zu der Gesellschaft, der bereits seitens des Marquis die Wohltaten, die jener uns erwiesen, überbracht wurden, wobei er gleichzeitig Stimmung für die erste Vorstellung macht, allerdings nur, falls man sein Ratschläge befolgt.

So verging mein Leben inmitten von Talent und Lächerlichkeit; allerdings langweilte mich meine Hure bald; sie flucht wie ein Kutscher; dabei keinerlei Geld, sie kann nur ficken, und das auch nur auf brutalste Weise. Ein letzter Einfall bringt mich dazu, sie aufzugeben. Eines Abends gehe ich nach dem Theater zu ihr; sie will in der Stadt soupieren, ich ebenfalls. Kann man ausgehen, ohne sich die Schuhe schmutzig zu machen? Ich setze mich in eine Kutsche; sie setzt sich auf mich, und ich vögle sie. Im größten Vergnügen tut sie so, als würde sie den

Kopf verlieren, doch das Mensch verliert ihn mitnichten. Meine Uhr war prächtig, sie hatte ein Auge darauf und fand es einen hübschen Einfall, sie mir zu stibitzen; vorsichtig zieht sie sie mir heraus und steckt sie in ihre Tasche. Genauso empfindlich wie sie, bemerke ich dies, und es gelingt mir, ihr die ihre zu entwenden, die sehr teuer war; dann trennten wir uns. Am nächsten Tag große Aufregung ihrerseits; meinerseits Scherze ... »Sie sind eine unverschämte Diebin«, sage ich zu ihr, um das Problem zu lösen, »ich gebe Ihnen Ihre Uhr zurück; behalten Sie meine, die Sie entweiht haben; meine Rache wird darin bestehen, diesen üblen Streich zu verbreiten, er ist neu und wird Ihnen zur Ehre gereichen ...« Sie beschwor mich; ich machte eine Verbeugung und verschwand.

Nun muß ich also die nächste Hübsche suchen! Vorwärts, Dorville, du wirst meine Gebieterin sein. Mein Gott, sie ist die Mühe wert. Eine Nymphengestalt voller Anmut; das schönste Hennarot belebt ihren hellen Teint; ihre großen blauen Augen trachten nur danach zu sterben, um wieder aufzuerstehen. Bei ihr ist man wieder wer; meine Köchin hatte mich letztlich angewidert. Wir beginnen damit, miteinander zu schlafen, und diese Nacht ist bedeutsam und entscheidend. Ich etabliere mich als Herr des Hauses. Unter mir habe ich einen Verwalter, mit dem ich rücksichtsvoll umgehen mußte, weil er für die Kosten aufkam; ich bin ein guter Kerl und gebe ihm freie Hand.

Dieses neue Vergnügen gefiel mir außerordentlich; alle Feinheiten der Wollust kosteten wir nacheinander aus; eines Morgens finde ich sie in ihrem Badezimmer, wie Venus Anadyomene steigt sie gerade, nur mit ihrer Schönheit bekleidet, aus dem Becken. Ein Bein hat sie noch in selbigem, das andere stellt sie auf einen Hocker; ihr schönes Haar umspielt ihre Schultern; ihre Hand liebkost einen Alabasterbusen; mit sanftem Lächeln begutachtet sie all ihre Reize. Ich stand im Türrahmen der halb geöffneten Tür und genoß als Beobachter das Schauspiel, das mein Blut in Wallung brachte und meinen Schwanz ebenfalls. Ein leises Geräusch, das ich mache, bietet mir ein neues Bild. Sie beugt sich schamhaft herab, Röte durchzieht sie, und sie versucht, sich mit ihrem langen Haar zu bedecken ... Ein Pudel, der auf dem Hocker saß, richtet sich zwischen ihren Schenkeln auf, hebt den Kopf, verhüllt das Heiligtum, bellt aus Leibeskräften und ersetzt durch seine kleine Schnauze einen anderen Spalt ... Ich trete aus vollem Hals lachend ein, meine Schöne war bald getröstet, und Sie ahnen sicherlich, wodurch.

Sie werden gewiß denken, ich sei glücklich gewesen ... Nun gut, ich war es nicht. In diesem schönen Leib, dem Tempel der Anmut, verbarg die Dorville die Seele einer seltsamen, launenhaften Furie. Sie hatte nur Vertrauen zum Bösen und zur Verruchtheit; eigensüchtig, sogar geizig, nahm sie sich nur

Liebhaber, um sie zu verschlingen. *Ich ärgere mich*, sagte sie eines Tages zu mir, indem sie von einem Unglücklichen spricht, der von ihr zugrunde gerichtet und völlig mittellos in den Abgrund gestoßen wurde, *ich ärgere mich, daß ich ihm die Augen gelassen habe, um zu weinen* ... Die Dorville vergiftet alles, ihre lasterhafte Zunge entstellt die simpelsten Dinge; ihr fruchtbarer, intrigenreicher Geist verbirgt tiefste Verstellung unter dem Schleier unschuldigster Naivität; bösartig wie alle Schwachen, bedeuteten ihr Verbrechen nichts.

»Weshalb mit so einem Ungeheuer leben?«

»Ich kannte sie nicht; sie ist verführerisch; ich glaubte, daß sie mich liebte. Ich wurde grausam bestraft.«

Der Graf von +++ war mein Freund; er kam oft zur Dorville, seine Gegenwart störte mich nicht; ich hielt ihn nicht für verliebt und war unbesorgt. Doch bald glaubte ich, eine gewisse Befangenheit an ihm wahrzunehmen; er kam häufiger, doch seine Unbekümmertheit war verschwunden. Allmählich wurde er immer finsterer und schweigsamer, hinterließ in unserer Gesellschaft ein Gefühl der Sorge und bei mir Kummer. Ich bemühte mich, ihn aufzuheitern; er quittierte meine Bemühungen mit jener gezwungenen Höflichkeit, die unter Freunden einer Entfremdung und letztlich dem Bruch vorausgeht. Die Dorville ist gewandt und einschmeichelnd; ich vertraue ihr meinen Kummer an und bitte sie, meinem

Freund die Ursache seines Unglücks zu entlocken; sie scheint auf meinen Wunsch einzugehen ... Die Durchtriebene ... Einige Tage später erschreckt sie mich durch tiefe Niedergeschlagenheit; ich überrasche sie mehr als einmal, daß sie Tränen vergießt, die sie lieber verborgen hätte. Beunruhigt, ja alarmiert, dringe ich in sie, beschwöre sie; endlich erneuere ich meine Anstrengung in einem jener Augenblicke, da man sich nichts verweigern kann. Daraufhin erklärt sie mit jener Bewegtheit, jenem Ausdruck, der allein durch die Wahrheit diktiert wird:

»Oh, mein Freund, mein Geliebter, ich muß dir das Herz zerreißen; doch verlange ich von dir dein Ehrenwort, daß du deinen nur zu gerechten Zorn zurückhältst« (ich verspreche, was sie verlangt) ... »Du hast den Grafen für deinen Freund gehalten, er ist nichts weiter als ein Verräter.«

»Ein Verräter! Er?«

»Ja, ein feiger Verräter, er wollte mich zu seiner Komplizin machen. Er hat mir seine unwürdige Liebe gestanden. Ich habe versucht, ihn an seine Ehre, seine Freundschaft zu erinnern; ich habe es mit Sanftmut, mit Bitten, mit Tränen versucht ... Aber sein Verhalten angesichts der Freundschaft war schamlos. Ich sage mich von ihm los, schrie er, ich sage mich von ihm los. Mein Rivale ist mein Freund ... Soll ich die Beleidigungen wiederholen, mit denen er dich bedachte? Nein, nein, mir blutet jetzt noch das Herz; du wirst dich rächen; dein Leben ist in Gefahr. Ach Gott, wie bange mir vor seiner Heimtücke ist!«

Die Durchtriebene! Ihr Gesicht ist tränenüberströmt; meine Hand wird feucht davon; ihre Schmeichelworte entfachen in meinen Adern die Glut der Wollust, das ganze Gift der Eifersucht; der Stolz beflügelt eine Liebe, die ich nie zu empfinden gewagt hatte. Ich sollte soviel Reiz entsagen! Unwürdiger Freund, ich werde es dir heimzahlen, dein Blut wird diese Beleidigung sühnen! Die Dorville tut, als wolle sie meine Wut dämpfen, doch wird die dadurch eher noch geschürt; sie hat mich durch Schwüre gebunden, und so verberge ich den Zorn in meinem Herzen.

Der Graf erscheint, wir sind gereizt zueinander, ich mache mich über ihn lustig. Die Dorville, immer als dritte dabei, verhindert jede Erklärung; die Situation war zu spannungsgeladen, um lange anzudauern. Der Graf beleidigt mich, wir gehen hinaus; blinde Wut leitet uns beide. Ich strecke ihn mit einem tödlichen Streich zu meinen Füßen nieder ... Ach, der schreckliche Dunstschleier, der uns verwirrte, verfliegt augenblicklich; der Graf läßt seinen Degen fallen. Ich kniee neben meinem unglückseligen Freund nieder, um sein Blut zu stillen ...

»Es ist aus«, sagt er, »ich sterbe ... Ich habe es verdient ... Mein Freund, ich wollte dir ans Leben ... Die Dorville hat mich dazu angehalten.«

»Die Dorville! O Himmel!«

»Meine Leidenschaft war so stark ... Um diesen Preis wollte sie mein Glück ... Adieu, verzeih mir ... Ich bin gestraft .... wenigstens sterbe ich als dein Freund ...«

Er bemüht sich noch, mich zu umarmen, er stirbt ... O Erde, verschlinge mich ...

Ich reiße mich von diesem Ort des Schreckens los; verzweifelt, wütend irre ich umher, eine Beute der Furien, die mich zu zerreißen drohen. Ich weiß nicht mehr, wohin ich gehe; meine Füße halten unbewußt vor dem Haus der Infamen; ich gehe hinein, noch habe ich den Degen in der Hand, der vom Blut meines Freundes dampft.

»Ich, ich habe ihn getötet!« schreie ich ihr vor Schmerz aufheulend entgegen. »Da, du Ungeheuer, sättige deine Wut; er ist nicht mehr; du wolltest, daß er mein Blut vergießt; von mir hast du sein Leben gefordert, von ihm das meinige; komm, nimm es, labe dich an dem Blut!«

Kaltblütigkeit und Ruhe beherrschen ihr Gesicht, sogar Freude blitzt in ihm auf; sie wagt es, mir die Arme entgegenzustrecken und mich zu meinem Sieg zu beglückwünschen ... Vermaledeites Weib! Zittere, denn diese Hand, die du zu einem Verbrechen angestiftet hast, könnte dich dafür bestrafen ... Sie wirft sich mir zu Füßen, ihr Busen bebt, und Blässe überzieht ihr Gesicht. Ich schleudere meinen Degen von mir, und ihre Unverfrorenheit ist wieder da ...

»Nun gut«, sagt sie, »es stimmt, ich habe es eingefädelt; ich verabscheute ihn und habe ihm meine Liebe nur vorgegaukelt, um ihn zu verlieren; ich habe ihn gegen dich aufgehetzt, doch war mir von vornherein klar, daß ich dich kaum einer Gefahr aussetzte. Er hatte mich früher beleidigt, als er mir eine Rivalin vorzog. Jetzt bin ich gerächt ...«

Ich hörte ihr kaum zu. Bei jedem Wort vor Schreck immer stummer werdend, verlor ich schließlich das Bewußtsein und kam erst wieder in meinem Bett inmitten meiner Bediensteten zu mir.

Lange Zeit war ich untröstlich; von meinem Schmerz aufgesogen, floh ich die Menschen. Das Bild meines unter meinem Degenhieb niederstürzenden Freundes verfolgte mich unablässig; ich verweigerte mir jede Verdrängung; langsam siechte ich dahin und ersehnte das Grab.

Im selben Haus, doch in einem abgesonderten Gebäude, lebte sehr zurückgezogen die Frau eines Colonels. Bis jetzt hatte ich ihr viermal im Jahr die einfachsten Regeln der Höflichkeit erwiesen. Mein vergnügungssüchtiges Leben und die Art und Weise, wie ich es zubrachte, hatten mir nicht gestattet, ihr allzuviel Aufmerksamkeit zu widmen. Mein Kammerdiener, über meine Affäre im Bilde und über meinen Zustand verzweifelt, schätzte, daß allein jene junge Frau mich aus ebendiesem Zustand zu reißen vermöchte. Die Änderung meiner Lebensweise und meines Betragens hatten im Haus Aufsehen erregt; er wußte es einzurichten, die Ursache dafür durchblicken zu lassen; einige gegenüber der Kammerfrau besagter Dame geäußerte Worte erweckten deren Neugier. Mein Diener schilderte ihr schließlich mein Abenteuer, und die Frau des Colonels war tief bewegt; jeden Morgen erkundigten sich ihre Diener auf ihren Befehl hin nach meinem Befinden. Die Apathie, in der ich versank, ließ mich nicht einmal spüren, daß ich ihr zu Dank verpflichtet war.

Eines Tages begegneten wir einander beim Hinausgehen; sie machte mir Vorwürfe über mein grüblerisches Verhalten und schien es ernst zu meinen; ich drückte meine Bereitwilligkeit aus, meinen Fehler zu revidieren, und wir blieben zu Hause. Mein Besuch bei ihr war kurz, aber von großer Bedeutung; der erste Schritt war getan. Ich setzte meine Besuche fort und sah sie öfter; bald wich ich ihr nicht mehr von der Seite. Die Marquise war sanft und gefällig; auch hundertmal wiederholte Einzelheiten langweilten sie nicht; gerührt weinte sie mit mir. Mein Schmerz verlor seine Bitternis; das Gefühl, das ich dieser liebenswürdigen Freundin schuldete, ging in die süße Gewohnheit von Dankbarkeit über.

»Achtung! Die Liebe.«

»Genau, mein Lieber, du hast recht! Eine intime Verbindung, ein grenzenloses Vertrauen zwischen einer charmanten zweiundzwanzigjährigen Frau und einem jungen Mann führen unweigerlich dazu. Und überdies bereitet Schmerz Zärtlichkeit vor.«

»Na endlich, das nenne ich perfekte Liebe. Ein schöner Reinfall, mein Freund, schöner Reinfall.«

»Nein, ich bin nicht der schmachtende Philinte. Die Marquise gehört nicht zu den Frauen, die am Wunderbaren Gefallen finden; hübsch, ohne es scheinen zu wollen, dabei gut und empfindsam und so verführerisch, wie man es nur sein kann, ist diese anbetungswürdige Frau dennoch nicht glücklich. Ihr Mann, wie die meisten Militärs, vernachlässigt einen Schatz, um Huren nachzulaufen. Er glaubt nicht an die Tugend, weil er nicht würdig ist, sie zu kennen, und ist dennoch eifersüchtig bis zur Brutalität. Wer wüßte nicht, daß dies das beste Mittel ist, um seinem Schicksal zu genügen; er mochte dem seinen würdig sein; wie wenig verdiente jedoch Euphrosie ihr Unglück!

Was für ein Unterschied, mein Freund, zwischen den unschuldigen Liebkosungen einer liebenswürdigen und naiven Frau und der Koketterie unserer Huren. Letztere können unsere Sinne anstacheln, aber wenn der Rausch verflogen ist, ist man wieder allein; Abscheu und Ekel vergiften selbst noch gehabtes Vergnügen; gewaltsam muß man sich aufgeilen, um es noch einmal zu genießen.

Die Marquise besaß trotz ihres jugendlichen Aussehens eine imposante Größe; sie würde kolossal gewirkt haben, wenn sie weniger proportioniert gewesen wäre. Fünf Fuß vier Zoll ohne Schuhe. Der schönste Körper der Welt; ein atemberaubender Busen; dralle Hände und Füße; eine Physiognomie, die man zwar nicht schön nennen kann, die dafür jedoch tausendfache Anmut bietet, welche andere Schönheiten nicht aufweisen; dazu eine pikante Ungleichförmigkeit; festes, armdickes Haar, das ihr bis auf die Füße wallt: genau das ist ihr Porträt.

Niemand versteht es besser als Euphrosie, über andere zu lachen, und ohne ihre Herzenswärme wäre so etwas ätzend; doch hütet sie sich davor, verletzend zu sein, sogar gegenüber jenen, die sie beleidigt haben – falls der Respekt, den sie einflößt, solche Kühnheit überhaupt zuläßt. Ihr Witz verblüfft mich jeden Tag aufs Neue. In ihrer Bescheidenheit findet sie meine Bewunderung seltsam. Aber, aber, lieber Freund, sagt sie an die zwanzigmal zu mir, du machst dich lächerlich; unablässig schmeichelst du mir und gerätst über die einfachsten Dinge in helle Begeisterung! Jeder würde so geredet haben ...

Aber ihre Seele ... Wie soll ich dir diese Seele schildern, die so voller Liebe ist und nur aus edlen und zärtlichen Gefühlen besteht? Nur durch sie nämlich strahlt sie in der Öffentlichkeit jene so sichere und sanfte Ruhe aus; durch sie verströmt sie jene Wärme, die sie in der Liebe so hingebungsvoll, so ergeben, so raffiniert macht. Euphrosie ist ebenso geil wie zärtlich; aber immer ist sie dabei dezent, echt und lauter. Und genau das mag der Grund sein, wes-

LUD. XVI. D
Ma conversion ou

halb ich noch nie solch einen Genuß empfunden habe.

Erwarten Sie nicht, daß ich Ihnen diesen Genuß schildere. Möge der Schleier des Geheimnisvollen auf ewig unser intimes Vergnügen umwogen ... Aber was für Kämpfe hatte ich gegen ihre Tugend zu führen! Wie oft mußte ich ihr wiederholen, daß allein ein Verbrechen schändlich ist und daß die Liebe, eine Liebe wie die ihrige, niemals ein Verbrechen sein könne ... Soll ich es gestehen? Ihr Pflichtgefühl war lange Zeit stärker als ich. Sie spürte die Gefahr; sie hatte soviel Edelmut, an ihren Gatten zu schreiben, seinen Beistand und seine Anwesenheit zu verlangen. Er aber verachtete diese ehrbare Frau und wies ihre Bitte zurück; abstoßende Gleichgültigkeit und beleidigende Geringschätzung waren der Preis für die Anstrengungen, die sie unternommen hatte, um von sich aus der Zärtlichkeit zu entsagen. Ich überredete sie schließlich, ich triumphierte. Euphrosie errötete nicht mehr vor mir, Friede zog in ihr Herz ein. Ha, welcher Mann mit erzenen Grundsätzen würde es wagen, sie zu verdammen? Sechs Monate vergingen in wonniglicher Glückseligkeit. Abgeschieden von der übrigen Welt, genügten wir uns selbst. Unsere stets neu entflammte Glut hatte immer den Reiz der Neuheit. Ein gegenseitiges und grenzenloses Vertrauen vervollständigte unser Glück.

Ach! Währt so etwas ewig? Grausames Spielwerk

des Schicksals, das wir sind – was besitzen wir schon ewig? Lohnt es denn, um einige Tropfen vom Glück, die im Ozean des Unglücks verteilt sind, das Leben köstlich zu finden? Die Marquise trug bald unter ihrem Herzen ein Pfand unserer Liebe. Ich befand mich auf dem Gipfelpunkt der Freude, ohne daß ich indes wagte, ihn ihr gegenüber zu äußern: vielleicht gar eine närrische Freude, aber so wohltuend, daß ich nicht daran dachte, etwas dagegen zu unternehmen. Euphrosie hingegen war viel reifer in ihrem Vorgefühl; ihre Unruhe wurde nur schlecht durch ihre Sanftmut und Liebe verdeckt. Ihr Gatte war bei seiner Rückkehr nach Paris natürlich über unser Verhältnis sofort im Bilde; der Feigling hatte nichts Eiligeres zu tun, als es überall herumzuerzählen. Uns beide bedachte er mit unflätigen Beschimpfungen, und zwanzigmal am Tag fiel mir Euphrosie in den Arm und hielt mich – der ich bereit war, sie zu rächen – durch Eide zurück; doch war ihr Glück für immer dahin. Stets fand ich sie tränenüberströmt vor und mischte die meinen mit den ihren ...

»Euphrosie«, sagte ich eines Tages zu ihr, »ich bin die Ursache deiner Verzweiflung und kann sie nicht lindern; hören denn unsere Herzen auf, einander zu mögen? Könntest du mich hassen?«

»Dich hassen? Oh, noch nie habe ich dich so geliebt! Dieses unglückliche Kind, das in meinem Schoß wächst, wird zweifellos unter grausamen Vorzeichen geboren werden; doch hat es – wenn so etwas überhaupt möglich ist – die Bande, die mich mir dir vereinen, fester geknüpft. Ach, lieber Freund, ich will nicht ungerecht sein; wenn ich mich für dich aufgeopfert habe, so glaube nicht, daß ich etwas bereue; für dich würde ich noch viel mehr Leid auf mich nehmen ... Ach Liebster, es bleibt so wenig, was ich für dich tun kann! Wenigstens wird dich dieses Kind an seine Mutter erinnern.«

»Grausame, was muß ich da hören? Ist das deine Liebe? Ach, ich war dir doch teuer; ist das der Preis, den du für meine Zärtlichkeit bezahlst? Stirb, stirb, kleinmütige Geliebte, aber du spielst vor dem eigenen Hinscheiden mit dem zweifelhaften Vergnügen, deinen Geliebten geopfert zu haben. Du willst deinem Kind deine und meine Umarmungen vorenthalten; es soll allen Schicksalsschlägen ausgesetzt sein und – ohne Beistand auf der Welt und vielleicht von Feinden umgeben – nur durch den Schmerz leben. So zärtlich und hingebend du ihm das Leben geschenkt hast, so setzt du es immerwährendem Unglück aus, das durch unsere Zärtlichkeit nicht gemindert wird.«

Euphrosie unterbrach mich mit einem Schluchzen, doch schien der Tränenstrom, den sie in meinen Armen vergoß, ihr Herz zu erleichtern ...

»O meine Euphrosie«, erwiderte ich daraufhin, »verscheuche diese finsteren Gedanken; erinnere dich deines Mutes, bewahre ihn für unsere Liebe;

hast du mir nicht tausendmal gesagt, daß du nur meinetwegen lebst?«

Sie versprach mir, ruhiger zu werden; und mir schien, sie wurde es auch.

Kurze Zeit später zwang mich eine Order des Hofes, mich in die Bretagne zu begeben. Meine Reise würde kurz sein, doch war Euphrosie in ihrer Schwangerschaft bereits weit fortgeschritten. Welche Sorge ich mir machen würde, und wie sehr ich mit ihr fühlte ... Schreckliche Vorahnungen peinigten uns. Unser Abschied war schmerzlich; lange lagen wir einander in den Armen, uns schien, es sollte zum letztenmal sein. Euphrosie wurde ohnmächtig; man riß mich von ihr los. Es hieß abzureisen.

Schon beruhigte ich mich mit einer schnellen Heimkehr, denn meine Angelegenheit erledigte sich rasch. Da erhalte ich die Nachricht eines Freundes: »Was tust du, Unglücklicher! Du genügst stereotypen Pflichten und vernachlässigst die allerheiligsten. Eile hierher, verliere keinen Augenblick und widme dich deiner Liebe.«

Ich fliege, die Seele bang, ich komme an ... Entsetzliches Schauspiel! Alles in Trauer. Himmel, o Himmel! Sie ist nicht mehr! Ich will sie sehen, ich will sie noch einmal umarmen; ich will mit meiner Geliebten sterben ... Trotz aller Anstrengungen, mich zurückzuhalten, will ich zu ihr; man spricht mit mir, ich verstehe nichts. Außer mir vor Verzweiflung, will ich bei ihr eintreten ...

»Halt, du Verwegener!« ruft mir ein ehrwürdiger Greis zu, der aus Euphrosies Zimmer kommt. »Achte den Ort, in dem der Schmerz wohnt.«

Sein ernster und dennoch anrührender Ton dringt mir bis ins Herz; ich sinke vor ihm nieder, ohne ihn zu kennen, umfasse ich ihn.

»Wer auch immer Sie sein mögen, haben Sie Erbarmen mit mir, lassen Sie mich noch einmal meine Geliebte sehen, nur um diese eine Gnade bitte ich. Ach, könnte ich denn einen süßeren Tod als den an ihrer Seite erleiden?«

»Steh auf«, sagt er weinend zu mir. »Du Wahnsinniger stürzt mich ins Grab. Was habe ich dir getan? Bis jetzt hat nichts mein weißes Haar befleckt; nun übereignest du meine letzten Tage der Schmach und Verzweiflung. Deine unheilvolle Liebe hat mich bereits meinen Sohn und meine Tochter gekostet; der eine war meine Stütze, die andere mein Glück.«

»Sie – ihr Vater ... O ihr Götter ... Unglücklicher Greis, nehmen Sie mein Leben dafür; ich werde meine Liebe nicht verleugnen; rächen Sie sich an mir, indem Sie mich mit meiner Geliebten vereinen.«

»Ich habe alles verloren; dir könnte ich die Ursache meines ganzen Ungemachs aufbürden; doch besitze ich nicht das Herz eines Barbaren und kann und will dich auch nicht hassen ...« (Mein Wimmern, mein Schluchzen sind die einzige Antwort.) »Ist es gar an mir, dich jetzt zu trösten? Beruhigen Sie sich, Sie junger, unglücklicher Mann, Euphrosie ...«

»Mein Vater, zu Ihren Füßen erwarte ich mein Urteil.«

»Euphrosie atmet noch.«

»Sie atmet ... O Götter, lassen Sie mich! Beeilen wir uns ...« (Ich bleibe mit der Kaltblütigkeit und Empfindungslosigkeit der Verzweiflung stehen.) »Aber nein, sie ist nicht mehr; Sie täuschen mich nur, um Ihre Rache noch länger zu genießen.«

Mit diesen Worten schwinden mir die Kräfte; ich sinke in einen Sessel; tödliche Starre bemächtigt sich meiner; meine Augen sind offen, doch ich sehe nichts.

Euphrosies Vater geruht meine Hand zu ergreifen.

»Ich täusche Sie nicht; aber Ihr Schicksal ist deswegen nicht minder gausam als das meine. Glauben Sie, was ich Ihnen sage, und erfahren Sie das Unglück, das Sie angerichtet haben. Acht Tage nach Ihrer Abreise besucht der Marquis meine Tochter. Ihr Bruder befindet sich bei ihr; Euphrosie hat ihm soeben ihren Zustand und ihre Liebe gebeichtet. Der Marquis ergeht sich gegen seine Frau in übelsten Schmähungen. Umsonst versucht ihn mein Sohn zu beruhigen. Der Marquis bedroht Euphrosie, er will sie gar schlagen. Mein unglücklicher Sohn stellt sich vor seine Schwester; sein Schwager ist außer sich, er zieht seinen Degen und zwingt meinen Sohn, sich zu verteidigen. Die Wut macht den Marquis blind; er stürzt sich auf die Schwester seines Gegners; mein verzweifelter Sohn eilt zu ihr. Der Marquis zieht eine versteckte Pistole hervor und tötet mein Kind. Beim Anblick dieses unseligen Kampfes stürzt Euphrosie besinnungslos zu Boden. Der Schmerz einer Frühgeburt bringt sie wieder zu sich und läßt sie die ganze Grausamkeit ihres Geschicks erkennen. Sie bringt ein Kind zur Welt, das stirbt; auch die Mutter hatte man bis vor kurzem aufgegeben; heute scheint es ihr weniger schlecht zu gehen; aber wie soll sie ihrem Schmerz entkommen?«

Ich hatte diesen schrecklichen Bericht förmlich verschlungen, unbewegt stand ich, aber bei Gott!, es zerriß mir das Herz.

»Ach!« schrie ich auf. »Sie lebt ... sie lebt, aber nur, um mich zu verdammen. Doch nein, Euphrosie kann mich nicht hassen! O mein Vater, erlauben Sie, daß ich Sie so nenne: ich biete Ihnen mein Leben, es soll Ihnen gehören. Daß mir doch vergönnt sein möge, Ihren schrecklichen Verlust vergessen zu machen; daß ich doch Ihr Sohn werden könnte! Wie süß mir diese Pflicht sein würde! Mein Vater, lassen Sie mich Ihre Tochter retten; Euphrosie wird leben, um Sie zu lieben.«

Der gute Greis war ganz gerührt; ein Hoffnungsschimmer dringt in seine Seele, er weint mit mir, er drückt mich an sein Herz ... Aber ach, wir irren uns beide. Euphrosie kehrt zwar ins Leben zurück, doch ist sie für immer von einer tiefen Melancholie geprägt. Sie weigert sich, mich zu sehen, und hat es eilig, sich ins Kloster zurückzuziehen. Ich versuche alles, um sie von ihrem Vorhaben abzubringen, ihr Vater unterstützt meine Bemühungen, vergebens: sie nimmt den Schleier und legt das Gelübde ab.

Meine Phantasie loderte, mein Kopf war verwirrt, mein Herz in Trauer versunken. Ich entschloß mich ganz plötzlich; ohne jemandem meine Absicht mitzuteilen, bestieg ich ein Pferd und eilte nach der Abtei La Trappe, um dort den Rest meiner Tage zu beschließen.

Der Himmel schien sich gegen mich verschworen zu haben. Ein furchtbarer Sturm zwingt mich, in Verneuil anzuhalten. Ich war völlig durchnäßt und hatte nichts zum Wechseln; also suchte ich nach einer Herberge, um mich dort zu trocknen; von Müdigkeit übermannt, beschloß ich, die Nacht dort zu verbringen. Allein in meinem Zimmer, war ich noch niedergeschlagener. Die Geschichte des Abbé von Rancé versetzte mich ins vierte Zeitalter; nichts Schöneres sah ich als jene langen Friedhofsreihen, deren Grablichter kaum die schreckliche Dunkelheit durchbrachen; ich hörte die Sterbeglocke, die mir den Tod anzukündigen schien, und dann sah ich ihn mit gemessenem Schritt herankommen; Comminge und Euphémie tauchten vor meinen Augen auf; ich hielt die mühselige Arbeit meiner fiebernden Einbildung für tugendhaften Heroismus. Ich würde mich letztlich auch in diesen finsteren Gewölben versenken, in denen so viele unglückliche Opfer von Vorurteilen und Leidenschaften seufzten ... Ich wollte es schon, doch die Vorsehung wollte es nicht.

In meine finsteren Überlegungen vertieft, bemerke ich gar nicht die außerordentlich hübsche Herbergstochter, die sich bereits seit einer Viertelstunde im Zimmer befindet. Endlich werde ich auf sie aufmerksam; ich tauche aus meinem Traum auf, um sofort in einem anderen zu versinken; ich biete ihr einen Sessel an, wobei ich sie für ich weiß nicht wen halte; ich nötige sie, Platz zu nehmen; sie zweifelt sicher nicht länger an meiner Verrücktheit. Endlich fragt sie mich doch noch, was ich zu Abend speisen möchte; ich komme zu mir; ich lächle, sie prustet ebenfalls los.

Ich nenne meine Wünsche; Magdelon geht nach unten und kommt wieder herauf, um das Bett zu richten. Die göttliche Barmherzigkeit hält ihre schützende Hand über mich: diese Art Mädchen trägt recht kurze Unterröcke. Magdelon läßt mich, indem sie sich über das Bett beugt, ein wohlgeformtes Bein und einen strammen, weißen Schenkel sehen. Ach, sage ich mir, bald liege ich unter der Erde, soll doch dieses arme Mädchen von meinem irdischen Überbleibsel noch etwas genießen: bumsen wir sie, es wird eh die letzte Nummer sein, die ich in meinem Leben schiebe ... Daraufhin fasse ich sie mit beispiellosem Ernst bei den Beinen, werfe sie aufs Bett, schlage ihr die Röcke hoch und treibe ihn ihr hinein, ohne daß sie noch Zeit gehabt hätte zu sehen, wie. Sie spielt noch ein wenig die Spröde; aber wo ist das Mädchen, daß nicht beim dritten Stoß zurückstößt? Um mir jedoch ihren Verdruß kundzutun, rotiert sie wie der Teufel. Aus alter Gewohnheit wollte ich es ihr nochmal besorgen, doch machte sie mir begreiflich, daß dies nicht ginge, da man sie unten erwarte; aber wir vereinbarten, daß sie mit mir schlafen würde, und ich stimmte sie mir mit Hilfe einiger Louis günstig, die allerdings für meine Pläne völlig nutzlos waren, denn ich ließ sie nicht wieder aus den Klauen.

Wir verbrachten die Nacht gemeinsam; ich rakkerte mich ab, als wäre es zum letztenmal. Aber bewundern Sie das Werk des lieben Gottes: Je länger ich mich an diesem verteufelten Loch zu schaffen machte, desto ruhiger wurde mein Kopf; mein Entschluß verblaßte immer mehr, und ich entschied mich unter dem Vorwand der Müdigkeit, noch eine Nacht abzuwarten, um mich endgültig zu entscheiden. Doch wurde ich dieser Mühe enthoben.

Am nächsten Tag gegen Mittag kam die Postkutsche an; mit ihr kamen zwei Herren, die mich um die Erlaubnis baten, an meiner Mahlzeit teilnehmen zu dürfen; ich hatte nichts dagegen; doch wer beschreibt mein Erstaunen, als ich zwei meiner engsten Freunde vor mir sehe, die mir nachgereist waren.

»Na, na, Freund Hosenblitz«, sagt der eine, Saint-

Flour, zu mir, »Sie wollten sich also davonheben? Zum Teufel, du schaust aus wie der Ritter von der traurigen Gestalt!«

Ich wollte meinen ernsten Habitus beibehalten; doch sie machten einen Spaziergang mit mir, wobei sie über mich spotteten und mir bewiesen, daß ich nicht bei Verstand sei. Das glaubte ich ihnen unbesehen; ich bestieg mit ihnen die Postkutsche: wir hielten erst wieder in Paris.

Eine Zeitlang fühlte ich mich etwas unbehaglich; außerdem – der Teufel soll mich holen, aber ich wußte nicht, wohin ich mich wenden, geschweige denn, welche Liaison ich eingehen sollte. Zudem war ich verschuldet; meine Gläubiger tauchten auf, um mir ihre fürchterlichen Gesichter entgegenzurecken. Ich faßte einen großherzigen Entschluß. Ich entschloß mich, mir den Strick um den Hals zu legen: zu heiraten.

»Aha! Du willst einen Schlußstrich ziehen.«

»Ja, einen Schlußstrich; das heißt soviel, wie vor der Zeit unterzugehen.«

Ich kannte eine alte Kupplerin, die älteste unter den hochherrschaftlichen Eheanbahnerinnen. Ich trug ihr mein Anliegen vor und ließ durchblicken, daß ich es eilig hätte.

»Ja«, sagt sie zu mir, »wollen Sie eine Hübsche?«

»Mein Gott, das ist mir gleich; ich will sie als Ehefrau; das schert mich wenig; ich nehme sie ja nicht als Liebhaber.«

»Soll sie reich sein?«

»Oh, was das betrifft, so reich wie möglich.«

»Geistreich?«

»Na ja, so la la.«

»Ich habe was in der Art. Kennen sie Madame de l'Hermitage?«

»Nein.«

»Ich werde Sie vorstellen. Sie ist eine von meinen Freundinnen; ihre Tochter ist achtzehn, sehr reich, vor allem ist ihr Charakter exzellent ...« (Verflixt, wie häßlich dieses Mensch doch ist!)

Meine liebenswerte Anstandsdame bricht auf der Stelle auf, um die ersten Vorschläge zu machen, das Geschäft anzukurbeln und mich tüchtig herauszustreichen; am Abend schreibt sie mir zwei Worte, und zwei Tage später begeben wir uns zu meiner zukünftigen Schwiegermutter.

Madame de l'Hermitage hat eine Schwäche für Schöngeister. Hier suchen all unsere Halbgötter, all unsere modernen Apollos ein gutes Essen, das sie mit albernem Gerede bezahlen. Im Vorzimmer atme ich den Geruch von Antiquiertheit, der mir den Geruchssinn raubt; die Alte hat mir vorher geraten, alles eifrig zu bewundern. Ich betrete einen riesigen, quadratischen Salon; hier finde ich die Herrin des Hauses mit der Miene einer Fee, dem Körper eines Skeletts und dem Gehabe einer Kaiserin. Sie betäubt mich mit langen Komplimenten; ich erwidere dies mit zahllosen Verbeugungen, dabei halte ich Ausschau nach meiner Zukünftigen ... Ach verflixt, man wird Sie Ihnen schon geben. Teufel auch! Muß sich denn erst ihre liebe Mama ein Urteil bilden; erlaubt denn die Wohlanständigkeit, ein Mädchen den Blikken des ersten Bewerbers auszusetzen? Die Kupplerin und die Mutter führen das große Wort und tischen sich alte Geschichten auf. Währenddessen mustere ich den Salon; alte, mit Bäumen bemalte Tapeten bedecken die Wände. Kassandra und Polyxena sind darauf ebenso abgebildet wie der König Priamos; desgleichen zahlreiche Trojer und hinterlistige Griechen, jeder mit einer Banderole vor dem Mund, um den Sinn des Gespräches besser verstehen zu können. An der Decke hängt ein riesiger siebenarmiger Leuchter aus vergoldeter Bronze, der schon bei den Festlichkeiten Nebukadnezars verwendet worden sein mochte; in den vier Ecken hokken vorsintflutliche, lackierte Dreifüße, auf die man antike Perpendikel und abgeplattete Pyramiden getürmt hat – offenbar Ausgrabungsgegenstände aus dem prächtigen Ninive. Auf Granitpfeilern ruhende Marmortische aus Paros, deren Sockel mit griechischen und lateinischen Büsten und einem großen Medaillon verziert sind. Der an die acht Fuß hohe Kamin wird von einem metallenen Spiegel gekrönt, dessen Rahmen ein immenser Fries bildet, auf dem, glaube ich, die Geschichte der schönen Helena verewigt ist. Die Sessel scheinen die der Königin von Saba als Vorbild gehabt zu haben; mit überreichen

Stickereien verziert und steinhart gepolstert, um offensichtlich Verweichlichung vorzubeugen, doch reich vergoldet. Ein Mobiliar, das mich wie ein Keulenschlag traf. Allerdings enthüllte sich meinem geschulten Blick ein solider Reichtum, der meine Seele kitzelte, und ich war fast so weit, all diese Geschmacklosigkeiten gegen die schönen Erfindungen unseres modernen Luxus einzutauschen. Ich geriet bei jedem Gegenstand in Ekstase; ich kehrte den Kenner hervor, um gebührend loben zu können; man nahm mein Lob wohlwollend auf, und so zogen wir uns, meine Kupplerin und ich, zurück.

Beim Hinausgehen sagte sie zu mir, daß mein Äußeres, meine vernünftige und gesetzte Miene (denn es war mir, zum Teufel, das Lachen vergangen), vor allem jedoch meine ausgesuchte Höflichkeit sehr zu meinen Gunsten gesprochen hätten und ich wahrscheinlich am Dienstag, dem entscheidenden Tag, zum Essen eingeladen werden würde. Dort bekäme ich dann endlich Mademoiselle Euterpe zu Gesicht ... Du liebe Güte, was für ein schöner Name! Ich habe panische Angst, daß meine Flamme ebenso antik wie die Einrichtung ist.

Ich werde also eingeladen, das Essen entspricht dem Mobiliar, und ich sehe meine Euterpe ... Ah, Sapperlot, die hübsche Zukünftige! Sie ist offensichtlich, der Teufel soll mich holen, mit der Axt nach irgendeinem Affen modelliert worden; Madame, die teure Mutter, erklärt mir zudem, daß sie ganz das Ebenbild des Herrn de l'Hermitage sei. Rumpfig und stämmig, mit einem grüngelben Teint, kleinen, tiefliegenden Äuglein, die in den schwammigen Wangen fast gänzlich verschwinden; struppiges, in die Stirn fallendes Haar, ein Scheunentor von Mund und mit lauter Gewürznelken gespickt, dazu ein schwarzer Hals und schließlich ... mir schrumpfen die Eier – ein Tuch verhüllt einen ... ich weiß nicht wie, ich weiß nicht was ... einen Vorbau, der mehr hängt als ragt. Hah! Zum Teufel, warum bedeckt sie nicht auch ihre beiden mageren Krallen, die wohl noch nie gewaschen wurden, mit einem Stück Stoff. Im übrigen spielt Mademoiselle Euterpe das Zierpüppchen, zieht das Schmollmündchen hoch, wodurch sie nur noch häßlicher aussieht. Es wird das alles noch schlimmer, als sie zu reden anhebt. Im Vergleich dazu ist ein Scheißbesen nichts ... Bei allen Mösen der Welt! Das heiraten, sage ich mir, ist wahrlich hart!

»Pfui Teufel! Du willst sie doch wohl nicht wirklich heiraten?«

»Hah! Mein Freund, vierzigtausend Pfund im voraus und noch einmal soviel, wenn ich es bei ihr aushalte; das sollte man nicht außer acht lassen; ihre Augen sind so schön wie eine Kassette voller Geld, und ich habe nichts weiter als einen strammen Max, den ich ihr kaum zu essen geben werde. Meine Gläubiger sind hinter mir her; es heißt sich opfern ...«

Nach dem Essen läßt sich Mademoiselle Euterpe neben ihrer teuren Mutter nieder; ich mache mich daran, verliebt zu girren und zu gurren, was freundlich und herablassend zur Kenntnis genommen wird. Kurzum, nach vierzehn Tagen wird geheiratet, wobei man mir per Vertrag zwanzigtausend Pfund Rente zusichert. Nun habe ich also Euterpe auf dem Hals. Die Mutter gab ihrer Vielgeliebten ihren Segen und den Friedenskuß. Meine tugendsame Gattin verschnürte sich in zwei Bettücher, die Fersen an den Arsch gepreßt, wie das die Sittsamkeit empfiehlt. Ein Teil der Hochzeitsgesellschaft befand sich in den Nebengemächern; die jungen Leute vor allem, für die das ganze ein gefundenes Fressen ist, wünschten mir für das bevorstehende Glück alles Gute und legten sich auf die Lauer. Ich streckte mich neben meiner liebreizenden Gattin aus, die dicke Tränen vergoß.

»Madame«, sagte ich zu ihr, »die Ehe, zu der wir uns verpflichtet haben, ist ein *mühseliger* Zustand, ein *enger* Pfad, der aber zum Glück führt; es gibt keine Rosen ohne Dornen, und ich, Ihr Gatte, werde diese Dornen herausziehen. Der Schöpfer hat uns vereint, damit unsere beiden Hälften wahrhaft eins werden. Um dieses Werk besser vollbringen zu können, hat er dem Mann, dem Herrn seiner Gattin, einen Zapfen geschenkt ... Fühlen Sie mal hier« (ich führe ihre Hand dorthin, doch die Vermummte zieht die Hand zurück, als habe sie Angst). »Nun, dieses Werkzeug muß in eine Öffnung gesteckt werden, und diese Öffnung befindet sich bei Ihnen; erlauben Sie, daß ich diese Öffnung suche und sie mit meinem Zapfen verschließe ...«

Daraufhin fasse ich mein Unschuldslamm mit festem Griff; sie preßt die Schenkel zusammen; ich drücke mein Knie wie einen Keil hinein; sie leistet Widerstand und verabreicht mir Fausthiebe; schließlich tut sie so, als würde ihr übel; sie streckt die Beine lang aus und hebt den Arsch; ich klopfe an die Pforte ... Himmelherrgott! Ha! Stockschwerenot! Huh! Teufelnochmal!

»Was ist denn?«

»Was ist, zum Henker! Zwei wunderschön gedrehte lange Hörner. Mir bleibt die Luft weg ... Sie ist so weit offen wie eine zweiflügelige Tür. Hah! Hurenstück! Mösenmetze! Und du verteidigst die bröckelnde Bresche auch noch! Schwanzschabracke!«

Ich ohrfeige sie, sie kratzt mich, sie heult, ich fluche und schlage weiter auf sie ein. Die Mutter kommt wutschnaubend hinzu, ich springe aus dem Bett und bringe mich in Sicherheit. Meine spalierbildenden Freunde fragen mich mit schadenfroher Besorgtheit, ob es mir gut gehe, ob ich ein Glas Wasser wolle.

»Ich will, daß mich der Teufel von hier weghole!«

Einen Augenblick später kommt meine Schwiegermutter zurück und bellt mit dem Ton eines Senators:

»Mein Schwiegersohn, ich weiß, was die Ursache ist.«

»Hah! Dirnenstute! Ich weiß es auch, und zwar zuviel!«

»Ach, wenn es weiter nichts ist; bei meiner Hochzeitsnacht ging es mir genauso.«

»Hah! Eine fickfreudige Familie!«

»Beruhigen Sie sich, sie ist ja noch ein Kind und weiß gar nicht, was eigentlich mit ihr passiert ist; gehen Sie zu ihr und nehmen Sie sie zärtlich.«

Die Wut, in der ich mich befand, hatte mich daran gehindert, sie zu unterbrechen, doch bei der letzten Bemerkung schrie ich los:

»Ich und zu ihr zurückkehren! Soll doch dieser Schwengelschwinger, der schon angefangen hat, es auch zu Ende bringen ... Fickvotzschwerenot! Sie ist ja so weit wie eine Stute oder eine alte Dirne!« (Madame l'Hermitage runzelt die Stirn.)

»Mein Schwiegersohn, ich verstehe; Sie bringen es nicht, nicht wahr?«

»Wie! Das ist doch ... Madame! Ich kann nicht? Verdammt, die Aufgabe war weiß Gott nicht schwierig, da konnte man ja zweispännig hineinfahren ...«

Die alte Hexe gerät in Harnisch; ich verlasse die keifende Dirnenmutter durchs Fenster und somit diesen verdammten Ort für immer.

O Zorn! O Verzweiflung! Ich, der Schrecken aller Ehemänner! Solches mir, dem Kronjuwel aller Mösenfeger! Jetzt hat man mich also mit jenem zeitgemäßen Kopfschmuck geschmückt ... Quack, quack, nun hat's den Frosch erwischt ... Quack, quack, Bauch und Beine in der Luft ... und das durch solch einen Trampel! Wohin fliegen? Wo kann ich mich verbergen? Der Spott wird mich umbringen.

Das ist noch nicht alles! Am nächsten Tag wünscht mich ein ganz in Schwarz gekleideter Herr zu sprechen. Unter vielen Verbeugungen reicht er mir ein Papier.

»Mein Herr, Sie irren sich.«

»Nein, mein Herr«, sagt der durchtriebene Kerl zu mir.

»Aber woher kommt das?«

»Von der ehrbaren und durchlauchtigsten Mademoiselle Euterpe de l'Hermitage, Ihrer legitimen Gattin.«

»Was, Spitzbube! Scher dich zum Teufel, sonst ...«

Er war schon getürmt und rennt noch immer. Na schön! Das Weibsstück fordert mich gerichtlich auf, mit ihr ehelichen Verkehr aufzunehmen, sonst – so verkündet man mir gnädig – würde sie die Scheidung beantragen. Ich eile zu meinem Anwalt; ich lasse mich beraten; wir prozessieren drei Monate lang; man verhackstückt mich; schließlich bin ich damit einverstanden, auf zehntausend Pfund Rente von meinen zwanzigtausend vereinbarten zu verzichten, und man erklärt mich zum Vater eines Individuums (sicherlich irgendein affenähnliches Wesen), mit dem meine Fickmaschine schwanger ging; zudem war es noch nicht einmal das erste.

Wutentbrannt und verzweifelt fahre ich ins Ausland und verlasse für immer diesen Ort, an dem ich so vielen Dingen ausgesetzt war.

Schicksal! Verflixtes Schicksal voller Tücken! Warum mußtest du gerade an mir deine Launen, deine Unwägbarkeiten auslassen? Da hat man nun endlich die Früchte seiner schönen Resolutionen! Alle meine Vorhaben werden auf Moses Kopfschmuck abzielen! Flieht, schert euch davon, eigenmächtige Träume, leere Gespinste meiner leicht erregbaren Einbildung ... Nein, nein, meine Damen, ihr werdet meinen Meister nicht mehr zwischen euren verfluchten Schenkeln festhalten; nie mehr wird mir eine eheliche Quindipse blauen Dunst vormachen. Zum Teufel mit der *Bekehrung*; aber aus Rachedurst könnte ich die gesamte Natur racheideln; meinem Priapus werde ich sämtliche Jungfernschaften opfern (soweit es noch welche gibt). Durch mich werden ganze Legionen von Hahnreis den Palast bevölkern, die Länder und die Städte; ich werde mir sogar Rechte bis hin zu unserer guten Mutter, der heiligen Kirche, herausnehmen. Kein Prälatenvötzchen, kein Kurienreittier, das ich nicht nach Strich und Faden pimpern werde (um sie in Übung zu halten), bis ich meine ledige Seele in die väterlichen Arme unseres Herrn Satan legen werde und mich daran mache, die Toten zu vögeln.

Nachwort

Als am 2. April 1791 Honoré Gabriel Riquetti Comte de Mirabeau nach einer heftigen Nierenkolik – Folge einer weit bösartigeren Krankheit – von dieser Welt scheidet, da ist das zu Ende gehende glorreiche achtzehnte Jahrhundert um ein Phänomen ärmer und die Literaturwissenschaft um ein Streitobjekt reicher. Kein Franzose des achtzehnten Jahrhunderts wurde gleichermaßen so geliebt und gehaßt, bewundert und verachtet, verspottet und geehrt, vergöttert und gefürchtet, bejubelt und bespuckt wie Mirabeau.

»Ein Ungeheuer« (Marie Antoinette). »Mirabeau ist kein Mensch, er ist kein Volk, er ist ein wortsprühendes Naturereignis.« (Victor Hugo) »Volk, sei deinen Göttern dankbar! Dein ärgster Feind ist hinweggerafft ... Welch ehrlicher Mensch wollte, daß seine Asche neben der Mirabeaus ruhte.« (Marat) »Tribun eines besiegten Volkes oder Stütze eines besiegten Königs, das waren die beiden Träume Mirabeaus. In seiner Einbildung schwankte er unaufhörlich zwischen dem einen und dem anderen.« (Lamartine)

Sein imposantes Begräbnis wurde zur Apotheose eines Lebens, das wie ein Roman anmutet.

Er wird am 19. März 1749 in Bignon (Departement Loiret) geboren. Sein Vater, Victor Riquetti, Marquis de Mirabeau (1715–1789), ist nicht nur ein begüterter Adeliger aus alteingesessener Familie, sondern gehört zum Kreis der sogenannten Physiokraten, Vertretern des ersten theoretischen Systems der klassischen politischen Ökonomie. Mirabeau der Ältere – wie er oft genannt wird – ist vor allem durch seinen sozialpolitischen Essay »Der Menschenfreund« (L'ami des hommes) bekannt geworden. Zeitlebens gibt es zwischen Vater und Sohn Spannungen (»Das ist eine Frage der Haut«, äußerte sich der Ältere einmal), die beider Dasein belasten.

Mit siebzehn verläßt der junge Honoré Gabriel die Militärakademie und bringt es bei kriegerischen Auseinandersetzungen auf Korsika bis zum Dragonerhauptmann. Schon zu dieser Zeit hat der kühne Draufgänger zwei Dinge im Überfluß: Schulden und Frauengeschichten. »Entweder wird er der größte Scharlatan des Universums oder die größte Persönlichkeit Europas und bringt es als solche zum General zu Wasser oder zu Lande oder zum Minister oder Kanzler oder Papst oder zu allem, was er will«, so die Meinung seines Onkels.

Mit dreiundzwanzig heiratet er in Aix eine junge und reiche Erbin mit der erklärten Absicht, ihr Vermögen durchzubringen. Was ihm auch fast gelingt; doch noch ehe er den gesamten Besitz seiner Frau bei anderem Weib, bei Wein und Gesang verpraßt hat, wird ihm ein Duell zum Verhängnis. Niemand anders als der eigene Vater bewirkt den Haftbefehl, denn er hält inzwischen seinen Sohn für ein »männliches Monster im physischen wie moralischen Sinne«. Und so sitzt denn Mirabeau der Jüngere in schöner Regelmäßigkeit ein: 1774 im Chateau d'If; 1775 in Fort Joux; 1776 im Chateau Dijon; 1777 in der Festung Vincennes. Unterbrochen wird das Gefängniseinerlei durch ein amouröses Abenteuer, das sentimentale Folgen hat: während seiner Inhaftierung auf Fort Joux verführt er die junge Gattin eines alten Marquis – die ab nun berühmte Sophie de Monnier. Sophie ist ganz sicher die einzige Frau in seinem Leben gewesen, die er wirklich geliebt hat. Gemeinsam flieht das Paar im Juli 1776 nach Holland. Wegen Menschenraub und Verführung wird Mirabeau in Abwesenheit verurteilt und im Mai 1777 von den Holländern ausgeliefert. Man bringt ihn in die Festung von Vincennes; Sophie soll im Kloster von Sainte-Claire zur Besinnung kommen.

Drei Jahre und fünf Monate bleibt Mirabeau in Vincennes. Hatte er schon in Amsterdam von Übersetzungen gelebt und so für seinen Lebensunterhalt und den seiner Geliebten gesorgt, wird diese Tätigkeit nun sowohl zum intellektuellen Fixpunkt wie auch zur psychischen Balance. Er übersetzt Tacitus, Tibull und Boccaccio und verfaßt selbst einige Bücher, so zum Beispiel *Erotika Biblion*, eine erotische Bibelinterpretation, die nicht nur durch ihre prononciert antiklerikale Absicht besticht, sondern auch durch eine originelle und libidinöse Auslegung der »größten Sittengeschichte des Altertums«. Oder die ihn berühmt machende Abhandlung *Über Haftbefehle und Staatsgefängnisse (Des lettres de cachet et des prisons d'Etat)*. Und als sicher dürfte gelten, daß auch vorliegender Roman *Meine Bekehrung* in Vincennes entstanden ist.

In Vincennes jedenfalls begegnet Mirabeau einem berühmten Mitgefangenen: dem neun Jahre älteren Marquis de Sade. Die vom Temperament her unterschiedlichen, ansonsten aber doch sehr geistesverwandten Männer finden einander vom ersten Augenblick an höchst unsympathisch. Will man den Zeitzeugen glauben, so treffen die beiden berühmtesten Gefangenen der Festung einander nur, um sich aufs unflätigste zu beschimpfen.

Ende 1780 wird Mirabeau aus Vincennes entlassen. Er verläßt Frankreich, hält sich längere Zeit in England, Holland, Preußen auf. 1785 finden wir ihn wieder in Paris. Seine Eloquenz und sein vitales Temperament, gepaart mit einem Gespür für Politik und Lust am Intrigieren, machen ihn für den Hof interessant, und so wird er 1786 in geheimer Mission nach Preußen geschickt. In Berlin sammelt er Material für sein wohl bekanntestes, vierbändiges Werk *Die preußische Monarchie (La monarchie prussienne)*. Wie auch immer seine Rolle als Geheimagent gewesen sein mag, er hat jedenfalls keinerlei

Skrupel, die etwa ein Dutzend Briefe, die er an den Minister Calonne geschrieben hat, unter dem Titel *Geheime Beschreibung des Hofes zu Berlin oder Korrespondenz eines französischen Reisenden vom Juli 1786 bis Januar 1787 (Histoire secrète de la Cour de Berlin ou Correspondance d'un voyageur français depuis le mois de juillet 1786 jusqu'au 19 janvier 1787)* als Buch zu veröffentlichen, was zu einem handfesten Skandal führt. Die gedruckten Exemplare werden konfisziert und verbrannt.

Von Pamphlet zu Pamphlet, von Gedenkschrift zu Gedenkschrift gelingt es dem polemischen und stilsicheren Mirabeau immer besser, von sich reden zu machen. Er bewirbt sich in Aix als Kandidat des Adels für die Wahl zu den Generalständen. Doch die Aristokraten lehnen den skandalumwitterten Grafen ab. Dafür empfängt ihn der Dritte Stand mit offenen Armen. Innerhalb von Wochen ist er der bekannteste Politiker in der Provence, so daß sogar sein Vater in einem Brief bekennt: »Das nenne ich Ruhm, wirklichen Ruhm. Schon lange hat man in der Provence nicht solch einen Kopf gesehen. Ich kann es guten Gewissens bestätigen: ich bin wahrhaftig einem Genie begegnet!« Man weiß natürlich, daß der Mann käuflich ist, ein Spieler und Zyniker, aber jeder ist gleichsam fasziniert von der Prophetie seiner Rede und der utopischen Vision vom neuen Menschen und einer neuen Zeit. Und ohne zu übertreiben kann man sagen, daß Mirabeau für das Volk die Inkarnation der Revolution von 1789 ist. Seit dem Ballhausschwur und Mirabeaus denkwürdigem Ausspruch »Sagt Euerm König, daß wir durch den Willen des Volkes hier sind und nur der Macht der Bajonette weichen werden« ist seine Popularität grenzenlos. Anfangs Initiator aller wichtigen Reformen – Abschaffung der Adelsvorrechte, Konfiszierung der Kirchengüter, Einführung der Assignaten – wird Mirabeau zum Wortführer der Konstituante. Sehr schnell begreift er jedoch die Notwendigkeit, übereilte Reformen zu vermeiden, die das Gleichgewicht des Staates erschüttern und seine Einheit, ja sogar die ökonomische Existenz, gefährden können. »Wenn man sich darauf einläßt, eine Revolution zu lenken, so besteht die Schwierigkeit nicht darin, sie machen zu lassen, sondern sie zurückzuhalten« – so eine Äußerung Mirabeaus zum Gang von Revolutionen.

Obwohl er im Oktober 1789 Mitbegründer des Jakobinerklubs ist (und in Robespierre, von dem er sagt, »der wird es noch weit bringen«, seinen eifrigsten Parteigänger hat), bemüht er sich stets um einen Ausgleich zwischen dem Dritten Stand und dem König. Man hat deshalb oft den Vorwurf erhoben, er sei ein heimlicher Royalist gewesen und vom Königshaus gekauft. In der Tat hat es eine geheime Korrespondenz zwischen Mirabeau und Ludwig XVI. gegeben, doch gehört es zur Ironie der Geschichte, daß der König keinen einzigen der ihm von Mirabeau anempfohlenen Ratschläge befolgt hat und somit blind in sein Verderben tappte. Gewiß ist Mirabeau käuflich gewesen, und die 1794 in einem Geheimsafe gefundenen Briefe haben bewiesen, daß er vom Hof Geld erhalten hat (dieser Skandal führte übrigens in jenem Jahr zu seiner Exhumierung aus dem Pantheon), doch ist Mirabeau vor allem Realpolitiker gewesen, der aus gründlicher Kenntnis der ökonomischen und sozialpsychologischen Situation Frankreichs letztlich das höhere Prinzip der Revolution in einem allmählichen Angleichen der verschiedenen gesellschaftlichen Interessen sah; die konsequente Realisierung einer wie auch immer gearteten deduktiven Gesellschaftsidee hat er diesem Prinzip untergeordnet.

Wenn man von Mirabeau spricht, dann meint man fast immer den Politiker, den Redner, bestenfalls noch den Verfasser des *Essay über den Despotismus (Essai sur le despotisme)*. Über den Autor erotischer Werke sieht man geflissentlich hinweg. Es sind deren insgesamt vier. *Erotika Biblion* wurde bereits genannt, *Meine Bekehrung* liegt vor; bleiben noch zu erwähnen *Hic-et-Haec* und *Der gehobene Vorhang oder Lauras Erziehung (Le rideau levé ou l'education de Laure)*. Bei den beiden letzteren, die erst nach Mirabeaus Tod veröffentlicht wurden, ist die Autorenschaft umstritten, doch geht die zeitgenössische Forschung davon aus, daß beide Werke aus seiner Feder stammen. Niemand hat es im achtzehnten Jahrhundert so vollkommen wie Mirabeau verstanden, seinen Stil zu variieren. Das trug ihm sogar den Vorwurf eines Vielschreibers ein. Die beiden zuletzt erwähnten Werke weichen denn auch stilistisch erheblich von *Meine Bekehrung* ab.

Hic-et-Haec ist ein ganz im Rokokostil verfaßter erotischer Roman. Die »Sache an sich« wird immer dezent umschrieben, kein obszönes Wort und keine schnöde Geldtreiberei beeinträchtigen die Liebesspiele der Protagonisten. In einer heiteren – aber eben auch unwirklichen – Gelassenheit kopuliert man hier genußvoll durcheinander.

Lauras Erziehung ist trotz aller erotischen Details in erster Linie ein sensuelles Bekenntnis: beschrieben wird die »Erziehung« eines jungen Mädchens zum Genuß. Die physische Liebe ist dabei Voraussetzung der universellen Liebe. Ein Mensch, der nicht physisch lieben kann, so Mirabeaus Credo, vermag es auch nicht emotional. Der sublimste Genuß liegt im Gefühl. Doch muß dafür erst der Körper »trainiert« werden. Und somit wird Laura durch das »pädagogische« Geschick ihres Vaters (der, wie sich zu guter Letzt herausstellt, bloß ihr Stiefvater ist) auf diese höchste sinnliche Ekstase vorbereitet.

1783 erscheint die erste Ausgabe von *Meine Bekehrung*. Als Erscheinungsort wird London angegeben, als Verfasser zeichnet ein gewisser M. D. R. C. D. M. F. (später wird das Rätsel gelöst: Monsieur de

Riquetti, Comte de Mirabeau fils). Auf dem Haupttitel ein Zitat von Virgil »Auri sacra fames« – »der schnöde Drang nach Geld«.

Die zweite Ausgabe von 1784 trägt den Titel: *Der Lebemann von Format oder Bekenntnisse eines Gefangenen des Schlosses zu Vincennes.* Keinerlei Hinweis auf die Autorenschaft außer: *Verfaßt von ihm selbst.*

Erst die dritte Ausgabe von 1790 mit dem Titel *Der Lebemann von Format* nennt zum erstenmal offen den Verfassernamen Mirabeau.

Bereits in Briefen vom Februar und März 1780 berichtet Mirabeau seiner Geliebten Sophie de Monnier von dem Vorhaben: »Was ich dir nicht schicken werde, ist ein völlig verrückter Roman, den ich schreibe und der *Meine Bekehrung* heißen wird ... Die Idee ist wahnsinnig, aber die Einzelheiten darin sind ganz charmant, und ich werde sie dir eines Tages vorlesen, selbst auf die Gefahr hin, daß du mir die Augen auskratzt ...«

Dennoch: die »charmanten Einzelheiten« bewirken, daß man das Werk sofort auf den Index setzt und fast zwei Jahrhunderte auf demselben beläßt. Das hindert natürlich französische Verleger mitnichten, das Werk hin und wieder neu herauszugeben (1796, 1911, 1929 und 1962), allerdings in limitierten Auflagen von einigen hundert Exemplaren. Die letzte, textkritische, Ausgabe erschien 1984; auf ihr fußt auch vorliegende Übersetzung.

Doch sind es wirklich nur die »charmanten Einzelheiten«, die zum Verbot des Buches führen? Zensoren scheinen Menschen zu sein, die das Leben entweder gar nicht oder zu gut kennen. Die einen verbieten aus Ignoranz, die anderen aus Arroganz; letztere mögen den – zweifelhaften – Vorteil genießen, zu wissen (oder zu ahnen), daß die Wirklichkeit immer weiter, schärfer, krasser als ihr Abbild ist; erstere mögen sowohl an ihre Mission wie auch an die Literatur als moralische Instanz glauben. Es ist das alte Lied, das schon Corneille und Racine bewegte: Soll man die Menschen so darstellen, wie sie sein sollen, oder so, wie sie wirklich sind? Nun, Mirabeau entschied sich für letzteres, wohl wissend, daß dies immer die lesbareren Bücher ergibt. Den »charmanten Einzelheiten« begegnete man damals in jeder »besseren« Gesellschaft, die es sich finanziell leisten konnte; Orgien wie die von Mirabeau beschriebenen waren zwar nicht unbedingt die Regel, aber eine Ausnahme stellten sie auch nicht dar; das Zeitalter war alles andere als prüde (die Prüderie kam erst mit der Revolution), und die Libertins – eben jene »Lebemänner« mit oder ohne Format – waren hochangesehene Geschöpfe, die wirklich nichts weiter haben mußten als »Samen im Kopf«.

Viel eher dürften dem Zensor Stellen wie diese aufgestoßen sein: »Takt ist Grimasse, Anstand Heuchelei, Vorzüge werden ins Gegenteil verkehrt, die Tugend kleidet sich in den Farben des Lasters«; vor allem jedoch jene unerbittliche Abrechnung mit dem Klerus (nicht mit Gott!) in der Person des Paters Ambrosius. In ihm steckt die Unmoral – nicht in den verwirrenden Mäandern eines kunstvoll geknoteten Schnürleibchens. Hier zeigt die Fratze der Macht ihre furchteinflößende Dominanz – nicht in der sexuellen Obsession diverser Damen und Herren. Diese Polemik bezieht sich immerhin auf den Vertreter des Ersten Standes, der bis 1789 die Politik bestimmte. Um diesen Kulminationspunkt des Textes gruppiert sich eine Sittenschilderung, die zu einem Pamphlet gegen die Käuflichkeit, gegen die private und öffentliche Korruption der Gesellschaft wird.

Was heute überrascht, ist die Modernität des Textes. Mirabeaus Sprache ist derb und originär; er nennt das Ding beim Namen, ohne bei verbrämenden Wortspielen Zuflucht zu suchen wie zum Beispiel in *Hic et Haec*. Ein einziger großer innerer Monolog, voller Haß (und Witz) heruntergespult. Als Beichte gegenüber dem Teufel. Als Persiflage der zum Ritual verkommenen Seelenbekenntnisse. Ein – mit Verlaub – Sich-Auskotzen. Und um so glaubhafter, da das bekennende Ich Opfer wie Täter zugleich ist. Wer hat wohl mehr *Moral*: die heuchlerische Frömmlerin, die die Predigt eher als Seelenkopulation braucht, um die danach folgende körperliche genießen zu können, oder der sowohl seiner *Natur* wie auch der *Vernunft* lebende Held?

Nicht zufällig sind diese Schlüsselwörter Mirabeaus Begriffe der französischen Rationalisten des achtzehnten Jahrhunderts. Im Geiste wußte sich der Autor von *Meine Bekehrung* mit den Enzyklopädisten einig, die den Menschen mit Hilfe seiner Vernunft und durch die Rückbesinnung auf seine Natur zu einer Moral bekehren wollten, die das Wahre, das Schöne und das Gute umfaßt. Hätte er selbst solches praktiziert – er wäre ein unerträglicher Ausbund an Tugend geworden. Aber die Natur des Menschen geht seltsame Wege: »Der schnöde Drang nach Geld« war zumindest bei Mirabeau stärker als Vernunft und Moral. (Doch Vorsicht mit Werturteilen! Schließlich hat Rousseau ein wundervolles Buch über Kindererziehung geschrieben und die eigenen Kinder ins Findelhaus gegeben.) Hinzu kamen Eitelkeit und Beredsamkeit, Willenskraft und Witz – und eine Häßlichkeit, die fast schon wieder schön wirkte. Ein Vulkan von einem Mann. Im Negativen wie im Positiven. So ambivalent, wie der Ausspruch Marie Antoinettes gedeutet werden kann: »Ein Ungeheuer!«

Bernhard Thieme

Anmerkungen

20	*Crispin*	Typ des ständig widersprechenden und alles besser wissenden Dieners in der französischen Komödie
28	*In aeternum*	(lat.) auf ewig
44	*Dagon*	semitische Getreidegottheit; in Palastina Hauptgottheit der Philister
45	*Paphos*	Stadt an der SW-Küste Zyperns; in der Antike Sitz eines Tempels der Aphrodite
46	*Cythere*	Beiname der Venus
53	*»Rodrigo, wer hätte das gedacht!«*	aus: »Le Cid« von Pierre Corneille (1606–1684)
54	*Dagobert*	um 605/10–639, der letzte Merowingerkönig
58	*rote Absätze*	Zeichen des Hochadels
59	*Guimard*	bekannter Tänzer
60	*Vestris*	bekannter Tänzer, »der schöne Vestris« genannt
60	*d'Auverval*	auch: Dauberval; Schauspieler an der Comédie Française
61	*Carraci*	ital. Malerfamilie aus Bologna
63	*lächerliche Präziöse*	»Die lächerlichen Präziösen«, Komödie von Molière (1659)
69	*Gluck*	Christoph Willibald Ritter von (1714–1787), deutscher Komponist
69	*Piccini*	Niccolò Vito (1728–1800), italienischer Komponist, der seit 1776 in Paris lebte
80	*M. L. N.*	gemeint ist Monsieur Le Noir, Gefängnis-

		inspektor in Vincennes, der Mirabeau während dessen Haftzeit viele Erleichterungen verschaffte
81	*vade retro*	(lat.) weiche zurück
90	*Dryaden*	Baumnymphen
90	*Najade(n)*	Wassernymphen
90	*Philomela*	um die griechische Königstochter vor den Nachstellungen ihres Schwagers Tereus zu schützen, wurde sie von den Göttern in eine Schwalbe verwandelt
90	*Phöbus*	(Phoibos) »der Leuchtende«, Beiname Apolls
92	*Lustrum*	Zeitraum von fünf Jahren
94	*Priapus*	(Priapos) griechischer Fruchtbarkeitsgott
96	*Polignac*	Prinzessin von; intime Freundin von Marie Antoinette
109	*Aretin(o)*	Pietro; italienischer Schriftsteller (1492–1556)
110	*Belial*	(hebr.) Bosheit; Name des Teufels
124	*Lignon*	Nebenfluß der Loire
127	*Médard*	französischer Heiliger, Bischof von Noyon (456–545)
137	*Laïs*	berühmte griechische Kurtisane
147	*Sigambrer*	(Sugambrer) Stamm der Rhein-Weser-Germanen; versuchten seit dem 1. Jahrhundert v. Chr. über den Rhein vorzustoßen, wurden im Jahre 8 v. Chr. von Tiberius geschlagen und z. T. links des Rheins angesiedelt
149	*Deismus*	die Anschauung der Aufklärung, daß Gott nach der Schöpfung keinen Einfluß mehr auf die Welt nehme und zu ihr auch nicht in Offenbarungen spreche; Mirabeau scheint gegen den Deismus im Sinne des englischen Philosophen Locke zu polemisieren, der ihn

		als Sittengesetz mit der Hoffnung auf himmlische Seligkeit verstand
151	*in pace*	(lat.) in Frieden; viele Klöster pflegten seit dem Mittelalter einen Mönch oder eine Nonne, die sich irgendeiner Verfehlung schuldig gemacht hatten, in Einzelzellen »zu beruhigen«
154	*Scotus*	Johannes Duns, irischer scholastischer Theologe (1266–1308)
154	*Augustin*	größter lateinischer Kirchenlehrer des christlichen Altertums (354–430)
156	*Pantaleon*	Heiliger und Schutzpatron der Ärzte; 304 als Märtyrer gestorben, einer der vierzehn Nothelfer
156	*Bonaventura*	Johannes Fidanza (1221–1274), neben Thomas von Aquin die führende Gestalt der Hochscholastik
156	*Dominik*	Stifter des Dominikanerordens (1170–1221)
168	*Moline*	dramatischer Autor
169	*Legros*	berühmter Countertenor seiner Zeit
170	*coglione*	(ital.) Schwachkopf; auch: Hoden
179	*Philinte*	Figur aus »Der Misanthrop« von Molière
189	*Abbé von Rancé*	Armand Jean de (1626–1700) Gründer der Trappisten, die im Kloster La Trappe der Welt entsagten
189	*viertes Zeitalter*	Anspielung auf die vier Zeitalter: das goldene, das silberne, das erzene, das eiserne; letzteres wurde in der Antike als eine niedergehende Ära angesehen
195	*Euterpe*	(griech.) die Freudenspendende; Muse der Lyrik und Musik